Joel Jota

© Caio Carneiro, Flávio Augusto, Joel Jota, 2024
© Buzz Editora, 2024

PUBLISHER Anderson Cavalcante
COORDENADORA EDITORIAL Diana Szylit
EDITOR-ASSISTENTE Nestor Turano Jr.
ANALISTA EDITORIAL Érika Tamashiro
ESTAGIÁRIA EDITORIAL Beatriz Furtado
PREPARAÇÃO Algo Novo Editorial
REVISÃO Letícia Nakamura, Giulia Molina Frost e Daniela Franco
PROJETO GRÁFICO Estúdio Grifo
IMAGEM DE CAPA João Menna

Nesta edição, respeitou-se o novo
Acordo Ortográfico da Língua Portuguesa.

Dados Internacionais de Catalogação na Publicação (CIP)
(Câmara Brasileira do Livro, SP, Brasil)

Carneiro, Caio
    A trinca: Jornada da Liberdade
    Caio Carneiro, Flávio Augusto, Joel Jota
    São Paulo: Buzz Editora, 2024

ISBN 978-65-5393-382-8

1. Autoajuda 2. Autoconhecimento (Psicologia)
3. Desenvolvimento pessoal 4. Insight 5. Superação
I. Augusto, Flávio. II. Jota, Joel. III. Título.

24-232875   CDD-158.1

Índice para catálogo sistemático:
1. Autoajuda: Psicologia 158.1
Aline Graziele Benitez, Bibliotecária, CRB-1/3129

Todos os direitos reservados à:
Buzz Editora Ltda.
Av. Paulista, 726, Mezanino
CEP 01310-100, São Paulo, SP
[55 11] 4171 2317
www.buzzeditora.com.br

A TRINCA
Jornada da Liberdade

**CAIO CARNEIRO
FLÁVIO AUGUSTO
JOEL JOTA**

Dedicamos este livro a todas as pessoas inconformadas com o status quo que, por meio do conhecimento e da atitude, procuram mudar a própria vida, a de sua geração e a de pessoas que ainda nem nasceram.

A Trinca é uma experiência transformadora. Viajar pelo Brasil e falar olho no olho com quase 65 mil empreendedores é algo que nos marca profundamente.

Vamos para dar, mas quem mais recebe somos nós. Vamos para ensinar, mas quem mais aprende somos nós. Vamos para somar, mas saímos multiplicados.

Conhecemos histórias incríveis de homens e mulheres que querem mudar de vida por meio do trabalho, da família e da confiança. Cada um com seus motivos e objetivos particulares, mas todos com o mesmo propósito: buscar a liberdade. Liberdade de pensamento, de atitudes e de convicções.

Obrigado a todos os empreendedores que confiaram na Trinca. Parabéns pelas decisões que vocês tomaram e pelas que ainda irão tomar, pois elas certamente impactarão vidas de pessoas que ainda nem nasceram.

Lembrem-se sempre de que liberdade não é um direito adquirido, mas uma conquista diária, e que o trabalho devolve!

Introdução, 9

CHEGOU A HORA DE JOGAR, O FUTURO DEPENDE DAS SUAS DECISÕES!
Caio Carneiro

11

NO JOGO DA VIDA, SÓ OS FORTES AVANÇAM
Joel Jota

33

CRIE AS FASES DO SEU PRÓPRIO JOGO
Flávio Augusto

73

Considerações finais, 109
Sobre os autores, 115
Caderno de fotos, 123

Introdução

Caro leitor, seja bem-vindo a uma jornada que vai desafiar tudo o que você sabe sobre sucesso, crescimento e, principalmente, sobre si mesmo. Este livro é mais do que apenas um conjunto de ideias e teorias para alcançar o sucesso; ele é um convite para mergulhar de cabeça em uma nova forma de pensar, agir e, acima de tudo, viver.

Inspirado no evento *A Trinca: Jornada da Liberdade*, que reúne três grandes nomes do empreendedorismo — Caio Carneiro, Flávio Augusto e Joel Jota —, o conteúdo que você tem em mãos traz as lições e os insights que esses líderes compartilharam enquanto viajavam pelo Brasil. O propósito é apresentar as estratégias que transformaram a vida desses profissionais e a de milhares de pessoas, para que você possa aplicar esses conhecimentos na própria jornada rumo à liberdade.

Talvez já tenha ouvido falar em ambição, coragem e compromisso. Talvez já tenha lido outros livros ou assistido a palestras sobre tais temas. Mas saiba que, nas páginas a seguir, você não encontrará o discurso de sempre. Em essência, descobrirá um caminho real, pavimentado por experiências de vida, histórias impactantes e aprendizados que vieram do campo de batalha — e não de um manual teórico.

Esta obra não é sobre fórmulas mágicas ou atalhos. É sobre fazer o trabalho necessário, sobre enfrentar medos, sobre cair e levantar mais vezes do que jamais imaginou. Porque, no fim das contas, o que importa não é quantas vezes você cai, mas sim quantas vezes se levanta e persiste em seu caminho.

Nas páginas a seguir, serão explorados diversos temas, como a importância de agir com integridade, a necessidade de assumir a responsabilidade pelos resultados e a habilidade de tomar decisões revolucionárias na hora certa. Vamos abordar o que realmente significa ter ambição e como transformar esse atributo em conquistas reais. Acima de tudo, você vai descobrir do que precisa para se tornar a melhor versão de si mesmo.

Cada capítulo é uma peça de um quebra-cabeça maior, desenhado para ajudar o leitor a avançar na própria jornada de vida. As histórias aqui contadas são reais, assim como os desafios. Os resultados? Bem, dependem só de você. Afinal, o sucesso não espera por ninguém. Ele é conquistado passo a passo, com coragem, comprometimento e muita, muita vontade de vencer.

Então, se está pronto para uma conversa franca, sem rodeios, sobre o que é de fato necessário para ser bem-sucedido e próspero, este é o lugar certo. Um lugar que lhe permitirá conquistar o sucesso não apenas no aspecto financeiro, mas em todas as áreas da vida.

Pronto? Então vamos nessa. Vamos trilhar essa jornada juntos.

CHEGOU A HORA DE JOGAR, O FUTURO DEPENDE DAS SUAS DECISÕES!

CAIO CARNEIRO

magine se fosse possível ouvir as orações que alguém faz por você. Isso seria, sem dúvida, a melhor forma de fortalecer a mente e o espírito. Pense nisto: se pudéssemos realmente escutar as preces daqueles que torcem por nós, entenderíamos com mais clareza por quem e pelo que lutamos todos os dias. Essa ideia me fascina, porque revela uma verdade simples e poderosa: quando temos um motivo forte, sempre encontramos uma forma de seguir em frente. Por outro lado, se nossa motivação for fraca, não importa o quanto nos esforcemos, a força simplesmente não vem...

Há algum tempo, entendi que as duas características mais importantes de um campeão de vendas — e de muitas outras áreas — são a *proatividade* e o *otimismo*. Mas é preciso ter em mente que esses dois atributos não são apenas comportamentos; são escolhas diárias que moldam a nossa realidade. Ser proativo é estar um passo à frente, antecipando problemas e agindo antes que se tornem desafios maiores. Já o otimismo é o combustível que mantém o motor em funcionamento, mesmo quando as estradas estão cheias de buracos e obstáculos.

A insatisfação
positiva é o motor
da evolução pessoal.
Ela nos tira do
comodismo e nos
coloca na posição
de constante busca
por melhoria.

CAIO CARNEIRO

A TRINCA

É preciso ser proativo para agir; e otimista para resistir enquanto age. Essas duas qualidades, quando combinadas, são incrivelmente poderosas. Mas perdem muito do seu valor quando isoladas. De que adianta ser proativo se não há otimismo para sustentar a ação? As pessoas que são proativas por pouco tempo acabam desistindo na primeira dificuldade. Sem otimismo, a proatividade pode rapidamente se transformar em desgaste, no lugar de ser uma ferramenta de progresso. Ademais, a falta de otimismo leva ao pêndulo emocional, aquele vai e vem entre estar bem e mal, que acaba minando nossas forças.

Conheço muitas pessoas que, diante da primeira dificuldade, até se enchem de energia e determinação. Porém, quando chegam à quarta ou quinta barreira, já desanimam e começam a acreditar que não vão conseguir. Isso acontece porque não aprenderam a disciplinar seu desapontamento e, assim, não conseguem sustentar a proatividade e o otimismo.

Uma das perguntas que mais me fazem quando digo isso é: "Caio, então você está sempre animado? Nunca fica triste com nada?". Claro que fico! A diferença é que aprendi a disciplinar meu desapontamento, para que ele não tenha o poder de me transformar em uma versão pior de mim mesmo. Porque, quando estamos chateados, acabamos nos prejudicando de maneiras que nem percebemos. Disciplinar o desapontamento é um exercício constante de autoconhecimento. É saber reconhecer os sentimentos que surgem quando as coisas não saem como planejado e, em vez de ser dominado por eles, usá-los como trampolim para avançar. Isso não significa reprimir o que sentimos, mas direcionar as emoções de maneira construtiva, para que nos impulsionem e nos levem para a frente, sem nos paralisar.

Portanto, deixo aqui um primeiro desafio: permita-se ficar chateado, mas aprenda a disciplinar esse sentimento, em vez de se submeter a ele.

E quando digo "aprenda" é porque é mesmo um aprendizado. Eu não nasci sabendo disciplinar minhas emoções. Tanto é que, vinte anos atrás, algumas coisas banais me abalavam profundamente, às vezes por anos. Hoje, não deixo mais isso acontecer.

Para colocar esse controle em prática, sua meta deve ser entender onde você está e o que precisa fazer para avançar para a próxima fase. Se não está satisfeito com o estado atual da sua vida, reconheça essa insatisfação; ela é importante. A verdade é que você só está lendo este livro porque sente algum tipo de insatisfação. Talvez tenha saído do conforto de sua casa e se dirigido a uma livraria à procura de algo mais. E esse algo mais é o que chamamos de *insatisfação positiva*.

Como o grande filósofo Mario Sergio Cortella diz,[*] esse é o sentimento de querer mais e melhor. É o desejo que nos impulsiona, que nos faz levantar da cama toda manhã, agir e perseguir o próximo nível. É o que nos impede de nos conformar com a estagnação. A insatisfação positiva é o motor da evolução pessoal. Ela nos tira do comodismo e nos coloca na posição de constante busca por melhoria.

No entanto, é importante diferenciar essa insatisfação saudável de uma insatisfação corrosiva, que pode levar a um ciclo de frustração. A chave é usar a insatisfação como indicador de que estamos prontos para novos desafios, não como um fardo a ser carregado.

O sentimento de querer mais e melhor nasce da insatisfação profunda, o ponto de partida de qualquer jornada significativa. Toda transformação geralmente começa com um desconforto em relação à situação atual.

---

[*] CORTELLA, Mario Sergio. *Não nascemos prontos!: provocações filosóficas*. Petrópolis: Editora Vozes, 2015.

CAIO CARNEIRO

Há uma história conhecida que ilustra bem esse conceito. Um homem estava abastecendo seu carro em um posto de gasolina. Ao lado, havia um cachorro que parecia estar em grande sofrimento. Durante os quinze minutos em que ficou ali, observando o cão, algo o incomodava. Finalmente, ele perguntou ao frentista: "Irmão, estou vendo esse cachorro aqui desde que cheguei. Ele está agonizando. O que aconteceu com ele?". O frentista, sem muita cerimônia, respondeu: "Ah, não liga não, ele está sentado em cima de um prego". Intrigado, o homem questionou: "Mas por que ele não se levanta?". E o frentista, com uma expressão de indiferença, disse: "A gente também se pergunta a mesma coisa. Talvez não esteja doendo tanto assim".

Essa é uma metáfora poderosa para muitas situações que enfrentamos na vida. Muitas vezes, estamos "sentados em cima de um prego", incomodados, mas não o suficiente para nos colocar em movimento. Todos nós já passamos por isso, inclusive eu mesmo. Permanecemos paralisados porque a dor e o desconforto ainda não atingiram um nível que nos force a agir. Às vezes, é necessário que a dor se intensifique, que o desconforto se torne insuportável, para que sejamos impulsionados a mudar, para que a insatisfação nos tire do estado de conformismo ou paralisia.

QUANDO NÃO NOS RESTA ESCOLHA SENÃO AGIR

O meu objetivo — neste livro e fora dele — é fornecer a você recursos e atributos essenciais, principalmente formas de pensar, capazes de ajudá-lo a avançar ao longo das diferentes fases da vida. Atributos, neste contexto, são características ou qualidades fundamentais que moldam ações e atitudes. É claro que, dependendo da fase em que você se encontra, haverá particularidades e desafios únicos, mas acredite: alguns atributos são universais. E o primeiro deles é a *ambição*.

Ambição é o principal passo em qualquer jornada de mudança. Sem ela, não há como mudar de fase. Esse desejo ardente de mudança é essencial para crescer. Lembro-me da primeira vez em que ouvi isso; confesso que achei uma bobagem. Eu tinha vinte anos quando fui recrutado para ser vendedor. Na minha primeira experiência com vendas, ouvi alguém dizer: "Caio, para vencer em vendas, você precisa ter um desejo ardente de mudança". Aquilo soou estranho para mim na época, e não dei muita importância. Mas, com o tempo, percebi que não há verdade mais simples e poderosa. Sem esse desejo, sem a ambição que nos impulsiona a sair da zona de conforto, permanecemos sentados sobre o prego, sem nunca levantar, sem nunca agir.

A ambição é a força motriz que nos tira da inércia e nos coloca no caminho da evolução e da transformação.

Sei que o conceito de treinar ambição pode parecer nebuloso e desafiador. Afinal, não é algo que se aprende de maneira simples, como um processo técnico. Imagine se minha missão fosse ensinar as pessoas a terem ambição... Aposto que seria algo incrivelmente difícil. Porque ensinar alguém a "estar a fim" de algo é uma tarefa ingrata. É fácil treinar uma pessoa para fechar uma venda, lidar com objeções ou aprender técnicas de negociação. Esses conhecimentos são prazerosos de ensinar e de aprender. Mas treinar alguém para ter vontade, para estar motivado... Isso já é outra história.

A pior situação é ter que empurrar alguém. Espero que você não tenha sido obrigado a ler este livro, e sim que o tenha buscado por vontade própria. Agora, caso tenha sido "arrastado" para esta leitura, deixo um conselho: nunca mais permita que alguém precise obrigar você a fazer algo que é para o seu próprio bem. Se precisa ser empurrado para fazer algo que o beneficiará, pode acreditar que tem algo muito errado aí. Isso que estou dizendo vale especialmente para quem lidera outras pessoas. Seja uma equipe

CAIO CARNEIRO

pequena ou enorme, ninguém gosta de precisar motivar alguém a todo momento, dizendo: "Vamos lá, vamos bater a meta pela sua família, pelos seus filhos". A ambição precisa existir em cada um. Essa energia usada para empurrar os outros pode drenar a própria energia vital do líder. Quem já sentiu isso sabe exatamente do que estou falando.

Acredite, o pior não é girar os pratos para manter tudo funcionando, mas ser o prato que necessita ser girado. Mais um desafio: não seja o prato de ninguém! Não permita que alguém precise empurrar impulsionar você constantemente. A ausência de ambição não o deixa apenas parado, ela o faz regredir. E isso é grave.

Pense nas pessoas com quem convive e em como influenciam a sua vida. As pessoas e as experiências que escolhemos ter ao nosso lado determinam a qualidade da nossa jornada. Cada referência que adotamos tem o poder de elevar nosso padrão ou de nos manter estagnados. Por isso, é fundamental cercar-se de influências que desafiem suas limitações, que incentivem o crescimento e que reflitam (e impulsionem) a vida que você deseja construir.

As referências certas são essenciais para aumentar o nosso termômetro de ambição. São elas que nos movem, que nos fazem querer mais. E o melhor de tudo? Você tem controle sobre as referências que escolhe. Os modelos que você adota determinam quem você é. Esse é um passo importante para avançar: escolher conscientemente as influências que você permite ter em sua vida. É por meio delas que você molda a sua ambição e define o caminho que seguirá.

Melhorar seus referenciais é essencial para o crescimento, nunca se esqueça disso. No entanto, também é fundamental ter tática.

A ambição é a força
motriz que nos
tira da inércia
e nos coloca no caminho
da evolução
e da transformação.

CAIO CARNEIRO

A TRINCA

TRACE O CAMINHO ATÉ O TESOURO

Avançando em nossa jornada, é claro que a força de vontade é o ponto de partida, mas, sem uma tática clara, você pode facilmente perder o rumo. A estratégia é o mapa que guia cada passo em direção a um objetivo. Sem um plano bem definido, mesmo o maior dos sonhos pode se transformar em um fardo pesado demais para carregar. Portanto, tão importante quanto querer é saber como fazer acontecer. É preciso estratégia para alinhar recursos e ambições, garantindo que todo e qualquer esforço esteja direcionado ao resultado que se deseja alcançar.

Apenas força de vontade, sem direção, não o levará adiante. Muitas pessoas acreditam que apenas com uma fé cega alcançarão seus objetivos, mas infelizmente não é assim que as coisas funcionam. Para avançar, é necessário agir e pensar estrategicamente, além de trabalhar duro. O trabalho por si só pode levá-lo até certo ponto, mas para garantir que não acabará estagnado, você precisa ter uma estratégia traçada. Sei que é injusto quando dizem que o segredo para ter sucesso na vida é trabalhar duro. Sei que há casos e casos e múltiplas variáveis. Mas também acredito que há alguma verdade nessa frase. Afinal, fui criado em uma escola de pensamento que diz: "Não há dia ruim que resista a cem ligações".

Quando as coisas ficam difíceis, desconto no trabalho. Estou chateado? Faço 150 ligações. Se o mercado está retraído, acelero ainda mais. Mas não faço nada disso sem estratégia, sem tática. Não deixo meu trabalho duro seguir sem direção.

"Mas o que exatamente significa 'tática', Caio?" Tática são os recursos que você tem hoje e o que é necessário para sair do ponto A e chegar ao ponto B. Ter estratégia envolve reconhecer os recursos que você já possui, identificar os que ainda faltam e trabalhar para preencher essa lacuna. Existe uma diferença enorme entre sonhar e delirar: o delírio é um sonho sem viabilidade, um sonho sem tática. Imagine eu, Caio Carneiro, de estatura mediana, com o sonho de ser pivô de basquete na NBA. Como isso seria possível? Só se a cesta fosse mais baixa! Esse seria um sonho delirante, porque não está alinhado com a realidade ou com as estratégias possíveis de serem colocadas em prática.

Muitas pessoas preferem não pensar em táticas. Deixam para lá e seguem a vida, repetindo o mesmo padrão todos os dias, até perceberem que o tempo passou e não há como voltar atrás. Mas você sabe que ser estratégico é fundamental, certo? É por isso que está aqui, lendo este livro.

O ponto crucial que quero que você entenda é que não existe um caminho certo ou errado, mas sim diferentes rotas. A grande sacada é que o seu caminho precisa estar alinhado com as suas ambições de vida e com as táticas que você tem à disposição de conquistar. Se o que está fazendo hoje tem o potencial de levá-lo ao seu objetivo, ótimo! Se não, é necessário mudar de plano.

Se você ainda não fez um exercício de autoanálise para despertar os recursos que já possui e identificar aqueles que ainda precisa desenvolver, está na hora de agir. Essa dedicação para entender onde está e onde quer chegar faz toda a diferença. E, para isso, é preciso correr riscos, porque todo crescimento envolve o fator *risco*.

ABRACE A INCERTEZA

Riscos são inevitáveis em qualquer jornada de crescimento. Uma constante. Porém, com a estratégia certa, o risco se torna uma ponte para o próximo nível, em vez de um obstáculo. Ele não deve ser temido, e sim entendido e calculado. A diferença entre um risco que paralisa e um risco que impulsiona está na preparação. Quando você está preparado, o risco se transforma em uma oportunidade de expansão, uma chance de alcançar novos patamares.

A coragem de encarar riscos é o que separa os que alcançam seus sonhos daqueles que ficam presos na zona de conforto.

A transição de uma fase de vida para outra sempre envolve risco. É impossível escapar disso. À medida que avançamos, precisamos estar dispostos a enfrentar incertezas. No entanto, muitas pessoas têm sensibilidade baixíssima para lidar com o desconhecido, e isso as impede de progredir. A verdade é que a única maneira de diminuir a pressão das incertezas é aumentando o preparo.

Se você se sente desconfortável em situações de incerteza, é provável que não esteja suficientemente preparado. Quando avança para uma zona de incerteza sem o devido preparo, a combinação pode ser perigosa. É como entrar em território inimigo sem estar devidamente protegido. E, no meio do campo de batalha, é fácil que o desconforto vire paralisação.

Nesse contexto, o preparo é mais do que uma questão de adquirir habilidades técnicas — é também fortalecer a mentalidade. Um dos maiores desafios não é apenas enfrentar o desconhecido, mas sim encontrar a melhor forma de lidar com ele mentalmente. Aqueles que conseguem se preparar no âmbito emocional, desenvolvendo resiliência e atitude positiva, enfrentam as transições da vida com mais confiança e menos hesitação. A preparação mental é o que lhe permite manter a calma em meio ao caos; é ela quem dá o poder de tomar decisões mais acertadas, mesmo sob pressão.

Imagine um cenário no qual você precisa fazer uma escolha difícil, mas procrastina por anos, porque a ideia de enfrentar o desconhecido é assustadora. Essa situação é o que eu chamo de *zona do bungee jump*. Você até sabe que precisa dar o salto, mas hesita até o último momento, sentindo o peso do medo, sem saber se está com o equipamento correto.

O preparo é a chave para lidar com essas situações. Se você se preparar adequadamente, a pressão vai diminuir e será mais fácil manejar o medo. Lembro-me de uma placa

A coragem de encarar
riscos é o que separa
os que alcançam
seus sonhos daqueles que
ficam presos na zona
de conforto.

CAIO CARNEIRO

A TRINCA

que vi certa vez no estádio Arthur Ashe, em Nova York, onde acontece a final do US Open de tênis, que dizia: *"Pressure is a privilege"*. A pressão é, de fato, um privilégio. É um impulsionador para se preparar e agir.

Encarar a pressão significa estar na vanguarda, entrar em um lugar onde muitos não têm coragem. Mas para suportar essa pressão, é necessário treinamento. Sem isso, o risco pode se transformar em paralisia, e a oportunidade de avançar acaba por se perder.

É provável que você esteja pensando em como se preparar, acertei? Comece reconhecendo que o risco é parte natural do crescimento. Depois, identifique as áreas em que precisa se fortalecer e trabalhe nelas. Quanto mais preparado você estiver, menos assustador o risco será. Tenha em mente que todos nós enfrentamos desafios em diferentes momentos da vida, mas aqueles que estão mais bem preparados são os que conseguem transformar esses obstáculos em oportunidades de crescimento.

No fim das contas, é a coragem de enfrentar incertezas que nos permite avançar para a próxima fase, atingir o nível superior. E essa coragem, combinada com o preparo, é o que separa os que permanecem estagnados daqueles que continuam crescendo, independentemente das dúvidas e dos obstáculos que surgem pelo caminho.

NÃO ABRA MÃO DA SUA ESSÊNCIA

A ambição é um dos principais motores que impulsionam a mudança, como vimos até aqui. Mas não basta apenas *desejar* avançar para a próxima fase. É preciso ter o *compromisso de ir até o fim*. Afinal, é raro alguém desistir de algo que está dando muito certo, não é? Quantas vezes você já ouviu alguém dizer que fechou as portas de um negócio porque estava faturando demais? Isso simplesmente não acontece. Em geral, as pessoas desistem quando enfrentam incertezas ou dificuldades que parecem insuperáveis. E é exatamente nesses momentos de maiores dúvidas e desafios que o compromisso se torna o combustível essencial.

Sem compromisso, a ambição perde força. Avançar de fase sem comprometimento verdadeiro pode até funcionar por algum tempo, mas, em dado momento, essa falta cobra seu preço. E quem avança de fase a qualquer custo, sem integridade ou compromisso com seus sonhos, muitas vezes acaba retornando várias fases, de maneira brusca e dolorosa.

Integridade é outra palavra-chave aqui. A integridade é um princípio inabalável que guia todas as decisões, independentemente das circunstâncias. É o fio condutor que mantém suas ações alinhadas com seus valores, garantindo que cada passo dado seja em direção a um sucesso que não comprometa quem você é. Ela também cria um legado, algo que vai além do sucesso material, deixando uma marca duradoura em todos que entram em contato com você. É o tipo de herança que você pode passar adiante com orgulho, ciente de que construiu algo que vale a pena de verdade e que nunca será esquecido ou destruído.

Integridade, no contexto que estou apresentando, não é apenas o melhor caminho, mas o único invencível. O sucesso, assim como a fidelidade, só admite 100% de dedicação. Você pode até pensar em atalhos, em pegar algum desvio para chegar mais rápido, mas eventualmente vai descobrir que o único trajeto que realmente vale a pena é o da integridade.

Lembro-me de uma história que pode ilustrar esse relato. Durante uma prova de atletismo, um atleta espanhol estava prestes a ultrapassar um queniano que, por causa de uma má sinalização na pista, achou que já havia cruzado a linha de chegada. Em vez de aproveitar a confusão para vencer a corrida, o espanhol, ao perceber o erro, empurrou o queniano para que ele cruzasse a linha em primeiro lugar.

CAIO CARNEIRO

Quando perguntaram por que ele não aproveitou a oportunidade para ganhar, o atleta espanhol respondeu: "Como eu contaria isso para a minha mãe?". Essa resposta resume o que significa agir com honradez.

Integridade é fazer aquilo que você poderia registrar em um livro, algo que teria orgulho de compartilhar com os outros. É tomar decisões que você não hesitaria em gravar em um podcast para seus filhos ouvirem no futuro. Se não sente a certeza dentro de si, então talvez seja melhor não tomar essa decisão.

O compromisso e a integridade são os pilares que sustentam a ambição. Sem eles, o risco de fracassar é grande. Com eles, você tem o poder de avançar de fase com a garantia de que está construindo algo sólido e duradouro.

ENFRENTE SEUS LEÕES

Agora vamos falar de coragem. Esse atributo é fundamental para qualquer jornada de sucesso. Avançar para a próxima fase da vida ou dos negócios sempre exigirá que você tome decisões difíceis, enfrente desafios complexos e ultrapasse obstáculos que, muitas vezes, parecem insuperáveis.

Todos nós temos problemas, e alguns são tão grandes que parecem impossíveis de lidar. Mas há algo importante que aprendi ao longo da vida: precisamos olhar para os problemas como se fossem leões. Quando o obstáculo surge, ele é um filhote. Se você o alimenta com procrastinação, ele vai ficar com raiva, tornando-se mais instável e perigoso. Por outro lado, se você o alimenta com comprometimento, ele crescerá com calma, confiança e determinação.

O mesmo acontece com os problemas: quanto mais tempo você lhes dá, mais eles crescem e se tornam ameaçadores. A cada vez que enfrenta um desafio, você resolve uma situação complicada e ainda fortalece a sua capacidade de

O compromisso e a integridade são os pilares que sustentam a ambição. Sem eles, o risco de fracassar é grande. Com eles, você tem o poder de avançar de fase com a garantia de que está construindo algo sólido e duradouro.

CAIO CARNEIRO

A TRINCA

lidar com questões futuras. Esse fortalecimento progressivo é o que diferencia aqueles que estão sempre avançando daqueles que ficam presos nos mesmos ciclos de dificuldades.

É por isso que, quando um problema aparece, a pior coisa que se pode fazer é ignorá-lo ou adiá-lo. O tempo é o alimento dos problemas, e permitir que eles cresçam só torna a solução mais custosa. A única maneira de lidar com um problema é encará-lo de imediato, com coragem e determinação.

Lembro-me de uma vez, em um treinamento de vendas, quando fui desafiado a encarar um problema que eu vinha adiando há algum tempo. O desafio era claro: "Ou você lida com isso agora, ou ele vai se tornar cada vez maior e mais difícil de ser resolvido". Naquele momento, percebi que a coragem não é apenas questão de disposição, mas de sobrevivência. Encarar o problema enquanto ele ainda é manejável é a chave para evitar que se transforme em algo incontrolável.

Na vida, assim como nos negócios, não há como evitar os leões. Eles sempre estarão lá, à espreita. Porém, com ação imediata, você pode impedi-los de se tornarem incontroláveis. A coragem de enfrentar problemas é uma das diferenças entre aqueles que avançam e os que ficam paralisados pelo medo.

A coragem não surge do nada; ela é construída por meio da preparação e do fortalecimento interiores. Quanto mais preparado você estiver, menos assustadores os desafios se tornam. E quanto mais você enfrenta os problemas de imediato, mais confiança e força adquire para seguir a sua caminhada.

Quando digo "preparação", não me refiro apenas a adquirir conhecimento ou habilidades, mas também a desenvolver a resiliência mental necessária para enfrentar adversidades. A preparação envolve construir uma mentalidade que não se deixa abalar facilmente. Envolve construir resiliência e ver as dificuldades como oportunidades de aprendizado, e não como obstáculos intransponíveis. Equipado dessa forma, você estará sempre pronto para enfrentar qualquer desafio que surgir em seu caminho, com a confiança de que tem as ferramentas necessárias para superá-lo.

No final, a coragem de tomar decisões difíceis e de enfrentar desafios é o que permite o verdadeiro avanço. É o que transforma sonhos em realidade, e problemas em oportunidades de crescimento. Sem coragem, o risco de estagnação é alto, e o retrocesso é real.

QUANDO COMEÇAR, NÃO PARE

Vamos agora falar sobre força de ação. Não importa o quanto você saiba ou o quanto tenha estudado, se não colocar esse conhecimento em prática, ele não trará resultados. Ação é o que transforma o potencial em realidade.

Conhecimento sem ação é sempre igual a zero.

Grave isto: é preciso agir com rapidez, mas sem perder a prudência. Isso não significa tomar decisões impulsivas, mas reconhecer a importância de dar o primeiro passo o quanto antes. Qual é a primeira decisão que você pode tomar amanhã para se aproximar um pouco mais da sua próxima fase? Pode ser uma simples tarefa, um pequeno movimento, um passo curto, mas que o coloque em direção ao seu objetivo. É importante entender que não se trata de dar um salto gigantesco de uma fase para outra em um único movimento. Às vezes, essa transição pode levar semanas, meses ou até anos. O que importa é que cada pequena decisão que você toma o aproxima um pouco mais do seu destino.

Uma decisão simples, como mandar uma mensagem para alguém com quem você precisa conversar ou agendar uma reunião importante, já é uma forma de agir. Um evento, uma palestra ou qualquer treinamento que seja só é verdadeiramente eficaz se promover mudança. Se, após tudo isso, você não mudar suas atitudes, terá falhado. Um bom treinamento ou curso, por exemplo, deve provocar uma transformação real. É por isso que, ao final de tudo, é importante fazer uma autoanálise e se perguntar: "Em qual área da minha vida ou do meu trabalho eu preciso de mais ação? Qual é a letra do meu letreiro pessoal que está faltando ou que está um pouco apagada?".

Pode ser que sua ambição esteja em alta, mas a tática necessite de ajustes. Talvez você tenha coragem de sobra, mas ainda falte pensamento estratégico. Identificar essas lacunas é o primeiro passo para agir de modo eficaz e de fato avançar para a próxima fase.

A ação é o que consolida todo o conhecimento e as qualidades que você tem cultivado. Sem ela, tudo o que você aprendeu, todas as suas ambições, táticas, e até mesmo sua coragem, perdem o sentido. A ação é a peça final do quebra-cabeça, a chave que abre a porta do próximo nível.

Então não espere mais. Tome aquela decisão que você sabe que precisa ser tomada. Dê o primeiro passo e veja como o mundo começa a se mover a seu favor.

RECAPITULANDO...

Não esqueça nunca que o compromisso verdadeiro é a base da resiliência. É ele que o manterá firme, mesmo quando tudo ao seu redor desmoronar. O comprometimento com seus objetivos criará uma força interna que o impedirá de desistir, que fará você se levantar após cada queda. Essa resiliência é o que lhe permite continuar avançando, mesmo quando o caminho se torna difícil, e é exatamente ela que define a qualidade do seu progresso e a solidez das suas conquistas.

Lembrando que é o compromisso também que, junto à integridade, sustenta a ambição. Sem compromisso e integridade, o risco de fracasso é grande. Com cles, você pode avançar de fase com a certeza de que está construindo um legado sólido e duradouro. Quando você se compromete para valer e quando age com integridade, não há barreiras capazes de impedir o progresso.

E entenda que o sucesso verdadeiro não é medido apenas pelas conquistas que você alcança, mas pela forma como trilha o caminho. É a soma do que você constrói e do impacto positivo que deixa na vida das pessoas ao redor. Ao agir com compromisso e integridade, cada fase da vida se torna mais do que um simples marco na sua trajetória: ela se transforma em prova de que o sucesso pode ser alcançado sem sacrificar os seus valores e a sua essência. Essa é a diferença entre ter sucesso e ser verdadeiramente bem-sucedido.

No fim das contas, ser bem-sucedido é para aqueles que estão dispostos a dar tudo de si, a manter um compromisso inabalável com seus objetivos e a agir com integridade em todas as fases da vida. É para aqueles que, quando se veem insatisfeitos, tomam a decisão de agir, de construir o que desejam viver.

CAIO CARNEIRO

NO JOGO DA VIDA, SÓ OS FORTES AVANÇAM

JOEL JOTA

Demorei 43 anos para entender o verdadeiro peso das responsabilidades. Foi um daqueles momentos em que é preciso refletir sobre a vida de forma mais profunda. Quem é casado e tem filhos sabe do que estou falando. Seja um ou cinco filhos, todos vêm com uma dose de medo e preocupação.

Lembro-me de quando fiz as contas de quanto teria que investir para garantir que meus três filhos tivessem tudo de que precisariam até saírem de casa. Se você já fez essa conta, sabe que é assustador! No meu caso, comecei a pensar em emancipar o João, meu filho de seis anos, que, apesar da pouca idade, já parece estar pronto para o mundo.

Brincadeiras à parte, muitas vezes me perguntam como consigo me manter motivado todos os dias. A resposta é simples: tenho filhos para criar, uma esposa para me cobrar e contas para pagar. Motivação nada mais é do que encontrar motivos fortes o suficiente para gerar uma atitude.

Talvez você não saiba, mas fui atleta de natação. Também fui professor de educação física, uma experiência que revelou algo muito importante sobre mim: a habilidade de falar em público, de ensinar e treinar pessoas. Lembro-me das aulas de

A comunicação é a chave. Ela é o diferencial que pode transformar uma situação comum em algo extraordinário.

JOEL JOTA

A TRINCA

natação que eu dava na faculdade, o que, por mais contraditório que pareça, eu não gostava muito de fazer. Isso mesmo, um nadador que não gostava de ensinar a própria disciplina. A razão? A natação, na faculdade de educação física, não era uma das disciplinas mais prestigiadas. Era vista como secundária, em especial quando comparada a disciplinas como treinamento esportivo, fisiologia do exercício e biomecânica.

Em muitas faculdades, os alunos estão mais preocupados em obter o diploma do que em conhecer os professores ou escolher as disciplinas que vão cursar. E eu, como professor de natação, não era exatamente o preferido dos alunos. Felizmente, percebi que havia uma forma de transformar essa realidade: por meio da comunicação.

Entendi que, se eu quisesse fazer a diferença nas aulas e capturar a atenção dos alunos, precisaria ser excepcional na arte de comunicar. E foi o que fiz. Essa foi a minha motivação naquele desafio. Passei a dar as aulas de natação incorporando conceitos de biomecânica, fisiologia, treinamento e até psicologia. Aos poucos, os alunos começaram a se interessar mais pela disciplina e a se conectar mais comigo. O resultado? Três anos depois, fui convidado a ser professor de biomecânica, uma das disciplinas mais prestigiadas da faculdade.

Essa experiência me ensinou uma lição valiosa: independentemente da área em que você atua, a forma como comunica suas ideias tem o poder de impactar diretamente os resultados. A comunicação foi a ferramenta que transformou a minha trajetória acadêmica e, sem dúvida, é a chave para o sucesso cm muitas outras áreas. Passei de uma disciplina pouco prestigiada para uma das mais cobiçadas. E isso só foi possível porque utilizei a ferramenta da comunicação de forma estratégica.

Portanto, se há algo que desejo que você entenda desde já é que, não importa qual seja a sua área de atuação — vendas, liderança ou qualquer outra profissão que lide com pessoas —, a comunicação é a chave. Ela é o diferencial que pode transformar uma situação comum em algo extraordinário. Ela pode fazer você sair das sombras e alcançar o destaque que tanto almeja.

NÃO DÊ LIMITES AO CONHECIMENTO

Se você trabalha com vendas, você impacta diretamente a receita da empresa, não é verdade? E se lida com pessoas, sua habilidade de persuadir e engajar faz com que mais gente queira trabalhar com você — o que, novamente, impacta diretamente a receita. Esse foi o meu caminho. E, na verdade, estou aqui para compartilhar exatamente isso, o meu caminho, que se resume a duas áreas fundamentais: o conhecimento e a coragem.

Ao longo dos anos, me preparei intensamente. Até hoje, continuo a me preparar todos os dias. Eu me dedico a tudo aquilo que só depende de mim. Lembro-me de o Caio contar que ele era o cara da "meiuca", o mediano, mas nem isso eu era. Eu era o cara das notas baixas. E não era uma simples impressão de que eu não era muito inteligente... Era um fato.

Tinha certeza também de que eu seria pobre. Sim, acredite. Um dia, aos meus dezoito anos, fui ao banco a fim de pagar a mensalidade da faculdade. Estava na fila, vestindo minha camisetinha regata de educação física, o uniforme típico de esportistas. À minha frente, havia uma senhora. Era só uma fila comum, nada de especial. Mas, de repente, essa mulher olhou para trás, sem motivo algum. Depois, voltou a olhar para a frente. E então, olhou para trás novamente. Eu não estava entendendo nada, até que na terceira vez que a senhora olhou, ela finalmente falou comigo: "Você faz educação física, não faz?".

Respondi que sim, todo orgulhoso da minha escolha, no auge dos meus dezoito anos. Ela, então, me disse algo que ficou marcado: "Eu tenho 43 anos e faço abdominal todos os dias. Depois de assistir à novela, sempre faço meus exercícios, mas não emagreço. Por que será?". Fiquei sem saber o que responder. Não seria possível dar uma resposta concreta apenas com aquelas informações, mas me senti tão acuado, tão perdido, que não consegui sequer responder o básico. Foi então que percebi a gravidade da minha situação. Sem conhecimento e sem preparação, eu estava destinado a uma vida cheia de limitações. Minha mente foi tomada por um pensamento que me trouxe ainda mais pavor: "Cara, você é *muito* pobre, não é pouco. E pobre não de dinheiro, mas de conhecimento".

Essa foi a faísca que acendeu em mim a necessidade urgente de estudar, de me preparar, de superar aquela certeza que eu tinha de que seria pobre, de que era incapaz de crescer e me tornar uma referência.

Hoje, consigo rir ao contar histórias desse tipo, mas foi um período muito difícil. Para você ter uma ideia, quando aquela senhora me perguntou por que não estava emagrecendo mesmo fazendo abdominais todos os dias, minha resposta foi terrível e vergonhosa. Eu disse algo como: "Não sei... Não tive essa aula ainda". Quando pensava nesse diálogo, tinha certeza de que estava fraco e despreparado.

A JORNADA QUE NOS GUIA

Antes dessa história também vivi momentos em que achei que a minha vida era um problema sem solução. Tudo o que eu queria era nadar. Meus sonhos, meus desejos, minha vida inteira giravam em torno de uma única coisa: ir para as Olimpíadas. Nada mais importava para mim.

Até que meu pai trouxe uma realidade que eu não queria enfrentar. "Você vai ter que fazer faculdade, moleque!" Eu perguntei o porquê. "Porque você precisa ser alguém na vida." E lá fui eu, achando que educação física seria o caminho mais fácil.

A verdade nua e crua não demorou a aparecer. Primeira aula: anatomia, com 202 músculos para decorar. "Você sabia que o nome desse músculo é esternocleidomastoideo?" Por que não podiam chamar de "músculo do pescoço que vira a cabeça"? Não, tinha que ser esternocleidomastoideo... E eu, que só queria nadar, que não queria saber de faculdade, de anatomia, de nada disso, caí de paraquedas naquele meio. E quanto às Olimpíadas? Bem, essas ficaram só nos sonhos. Não tinha como ir aos Jogos Olímpicos sem dinheiro, então não tive alternativa senão encarar os livros.

A virada de chave veio quando decidi colocar minha mentalidade de atleta nos estudos. Se eu precisava estudar, então o faria com a mesma dedicação que eu direcionava ao esporte. E assim foi feito. Estudei, estudei, estudei, até que, eventualmente, cheguei aonde estou hoje. Foi uma trajetória árdua, mas que me proporcionou o conhecimento que agora compartilho com você, a chamada jornada da liberdade.

Essa jornada aborda três grandes princípios: *valor*, *valorização* e *visibilidade*.

A verdade é que geramos dinheiro por meio das coisas valiosas que sabemos fazer. As pessoas não vão nos pagar pelo nosso propósito, por mais nobre que ele seja. Elas pagam pelo que sabemos fazer de melhor.

Pense bem. Se você terminar de ler este livro hoje e alguém perguntar: "E aí, como foi a leitura do livro do Caio, do Flávio e do Joel?" Talvez você responda: "Incrível! O Joel me ensinou a evoluir como profissional!". Nesse caso, o seu ouvinte provavelmente vai ficar animado para ler também. Mas se disser: "O Joel falou que a coisa mais importante é o propósito", talvez a reação seja menos entusiástica. Porque ter propósito, por si só, não enriquece. No final das contas, ninguém vai pagar pelo seu propósito. Então, se a pessoa estiver

JOEL JOTA

interessada em mais conhecimento para crescer na carreira, não vai se interessar por um livro que defende o propósito como o mais importante. Concorda?

O RESULTADO RESOLVE TUDO

A realidade é simples: as pessoas não pagam pelo seu propósito, mas pelo que você sabe fazer e pelas conexões que possui. Esses são os dois pilares que realmente colocam dinheiro no seu bolso. Então, se deseja prosperar, precisa dominar esses dois pontos.

Existem pessoas que não dispõem de muitas habilidades técnicas, mas têm uma rede de contatos invejável, conhecem um monte de gente bacana. E adivinhe só? Elas conseguem ganhar dinheiro porque conectam, indicam e aproximam pessoas. É o velho ditado: "Não é o que você sabe, mas quem você conhece". Mesmo isso sendo verdade, eu vou além: é também sobre como você se relaciona com essas pessoas. Relações profissionais são, muitas vezes, o verdadeiro diferencial em uma carreira de sucesso. Uma rede de contatos sólida não é construída apenas por acumular nomes em uma lista telefônica. Ela se constrói com confiança, reciprocidade e interesse genuíno pelos outros. As melhores oportunidades que surgiram na minha carreira vieram de relações cultivadas ao longo do tempo, não de um dia para o outro. Relações valiosas assim precisam ser nutridas constantemente, com respeito e profissionalismo.

Por outro lado, há aqueles que não têm tantos contatos, mas são extremamente bons em determinada área. Desde o início da carreira, percebi que, para prosperar, eu precisava ser excelente em algo.

Quando eu era atleta, eu recebia para nadar rápido. Depois, como treinador, meu trabalho era garantir que meus atletas nadassem rápido. Existe uma lógica simples nisso: para ganhar dinheiro, ou você mesmo entrega resultados ou então faz com que outras pessoas entreguem resultados. E eu queria ser excelente em ambos, cada um no seu momento ideal.

Agora, pare e pense: você faz dinheiro ajudando seu cliente a alcançar resultados? Eu sou esse tipo de pessoa. Meu dinheiro vem dos resultados que outros alcançam, não diretamente por causa de mim. De qualquer forma, é importante saber que inevitavelmente seremos cobrados. Mas o fato é: você só será cobrado se não entregar resultados. Quem entrega não é cobrado; quem entrega é aplaudido. Em uma empresa, se a pessoa que entrega resultados é cobrada injustamente, pode ter certeza de que ela não ficará por lá por muito tempo.

Com mais frequência do que gostaria, vejo pessoas que não entregam resultados, mas reclamam como se entregassem. Recentemente, tive uma conversa com meu time de líderes e fui sincero com eles: não entendia por que estavam reclamando. Ninguém ali estava performando como deveria, e mesmo assim as reclamações não paravam. Isso não é prepotência, é apenas a realidade dos fatos. Vou repetir: resultado, a entrega, resolve tudo.

As pessoas podem não gostar de você, podem não gostar do seu sotaque, podem não gostar das suas roupas, mas não podem ignorar seus resultados. Obsessão por resultado: é isso que paga as minhas contas — e você pode fazer o mesmo.

Somos valorizados pelo resultado que entregamos, não pelo esforço que despendemos. Porque, na realidade, o que importa para o mundo não é o quanto você se esforça, e sim o que consegue realizar.

Quer um exemplo do que estou dizendo? Hoje, minha esposa é minha sócia. Mas você acha que ela me apoiou desde o começo da minha jornada? Pois saiba que não foi bem assim.

JOEL JOTA

No passado, ela me dizia claramente: "Eu não gosto do que você faz". Ela não era empreendedora e deixou claro que não queria se envolver com isso. Na época, era engenheira em uma multinacional, feliz com seu salário e a estabilidade que o emprego oferecia. Há dez anos, me disse: "Não quero abrir negócio contigo". E hoje ela é minha sócia. O que mudou? O bendito resultado.

E foi justamente esse tipo de comentário que me fortaleceu. Aliás, não espere que seu cônjuge seja sempre didático e gentil. A minha esposa, por exemplo, é direta, sem rodeios. Quando ela dizia que eu só inventava moda, o que realmente queria me dizer era: "Você começa as coisas e não termina". E ela tinha razão! Quando ela falava: "Pare de inventar moda", estava, na verdade, me desafiando a parar de começar coisas sem terminar, a ser mais focado e determinado.

APRENDER E TREINAR, TREINAR E APRENDER

Saiba que o nosso cérebro não é naturalmente programado para ter ambição. Ele foi desenhado para buscar segurança, proteção e procriação. Ele quer que a gente fique na caverna, no conforto, longe dos riscos. Por isso, para ser determinado, é preciso treino e persistência.

Esse negócio de avançar, de ir para o front, de fazer acontecer, de falar em público: tudo isso desafia nossa programação natural. Talvez você levantasse a mão se eu perguntasse quem tem medo de falar em público. Mas eu sei que o problema não é exatamente esse; é o medo de *falhar* em público. Um medo que nada tem a ver com o seu signo ou com qualquer outra característica pessoal.

Se você tem receio de palestrar para quinhentas pessoas, por exemplo, é porque falta treino. Se eu o colocasse no palco duzentas vezes, sabe o que aconteceria? Você, inevitavelmente, começaria a falar melhor. E o mais interessante

Somos valorizados pelo resultado que entregamos, não pelo esforço que despendemos. Porque, na realidade, o que importa para o mundo não é o quanto você se esforça, e sim o que consegue realizar.

JOEL JOTA

A TRINCA

é que, depois de cinquenta vezes (o que, acredite, nem é tanto assim), você já observaria uma grande melhora e veria o medo se afastar. E sabe o que é ainda mais surpreendente? Você não se espantaria com o quanto melhorou.

Só que agora vou dizer algo ainda mais incrível: um campeão não se surpreende.

Não há surpresa no sucesso para quem se prepara. Quando você treina, quando você pratica, quando mantém sua determinação, o resultado é esperado. Pense no Usain Bolt correndo cem metros rasos. Quando ele cruzava a linha de chegada e fazia aquele gesto característico de vitória, não havia surpresa. Ele já sabia que teria uma boa colocação. O campeão já sabe o resultado antes de todos os outros.

O mesmo vale para você. Se eliminar dez quilos, não será uma surpresa. Se ficar mais em forma, não será um mistério. Se aperfeiçoar suas habilidades de comunicação, é o esperado. Tudo isso é fruto do trabalho, do conhecimento aplicado. O caminho, reforço, é o conhecimento. Não importa o que você esteja enfrentando na vida, não importa quão difícil seja a situação, alguém, em algum lugar, já passou por isso, já escreveu sobre isso e, portanto, já possui a experiência de que você precisa. O conhecimento está à sua disposição, basta buscá-lo.

Quando ouço o Flávio Augusto falar sobre negócios, por exemplo, fico impressionado. Penso: "Esse cara sabe algo que eu não sei. Que coisa é essa? Preciso descobrir". Reconheci que havia algo que eu precisava aprender e fui atrás disso.

A qualificação profissional se sustenta em três pilares principais, e é importante que você os conheça e os aplique em sua trajetória. O primeiro deles é a *educação formal* — faculdade, pós-graduação e certificações. Esse é o alicerce sobre o qual se constrói uma carreira sólida, o ponto que fornece a base teórica e técnica necessárias para avançar no mercado.

O segundo pilar envolve a experiência prática que acumulamos ao longo do tempo — o famoso *track record*. São esses momentos que colocam em prática o conhecimento adquirido e permitem que você se destaque em sua área de atuação.

O *track record* refere-se ao histórico de desempenho de uma pessoa ou empresa ao longo do tempo. Ele representa a soma de realizações, fracassos, experiências e lições aprendidas que moldam a trajetória profissional. Um bom *track record* é evidência concreta de competência e confiabilidade, mostrando que a pessoa ou a empresa é capaz de entregar resultados consistentes. Esse histórico é importantíssimo, especialmente em contextos nos quais a confiança é fundamental, como em negociações, parcerias ou progressões de carreira. O *track record* é o reflexo da sua jornada, demonstrando o que já conquistou e o que pode trazer para a mesa no futuro.

Por fim, temos o *aprendizado contínuo*. Não há segredo aqui: você que está lendo este livro já faz parte desse ciclo de aprendizagem contínua, o famoso *lifelong learning*, que envolve ainda cursos de curta duração, como workshops e treinamentos. O segredo é simples: nunca parar de aprender.

Educação contínua não é apenas uma tendência moderna; é uma necessidade para qualquer profissional que queira se manter relevante em um mundo em constante evolução. Muitas pessoas pensam que, após a faculdade, podem parar de aprender, que o período de aprendizado está encerrado. Mas a verdade é que a educação formal é apenas o começo. A verdadeira jornada de aprendizado começa quando você entra no mercado de trabalho. É ali que você precisa continuar se atualizando, buscando conhecimento, adquirindo novas habilidades e acompanhando as inovações do setor. Essa jornada nunca termina; é um ciclo contínuo de aprendizado, desaprendizado, e reaprendizado.

O mundo está em constante evolução, e, se você não acompanha, fica para trás.

JOEL JOTA

O SUCESSO ESTÁ NAS SUAS MÃOS

Você já leu o livro *Os segredos da mente milionária?** O autor, T. Harv Eker, aborda um aspecto importante a respeito da mentalidade de sucesso: a mentalidade milionária. Eu adiciono a isso algo que costumo chamar de habilidade milionária, a habilidade de saber se comunicar bem em público. A comunicação eficaz, como já comentei, é uma das ferramentas mais poderosas para colocar dinheiro no bolso. A maioria das pessoas se comunica muito mal, infelizmente. Falam de maneira confusa, usam o gerúndio de forma excessiva e não passam com clareza a mensagem que pretendem.

Na minha empresa, por exemplo, é proibido dar respostas subjetivas como "estou fazendo", "estou planejando", "estou consolidando". Pense na frustração que você sentiria se pedisse um Uber e, ao perguntar quanto tempo falta para o carro chegar, recebesse a resposta: "Estou chegando". Você quer precisão, certo? "Chego em quatro minutos." O mesmo vale para pedir comida no iFood: você não quer saber que "a comida está a caminho", você quer saber exatamente quando ela vai chegar, concorda?

Se você lidera uma equipe, é essencial estabelecer padrões claros de comunicação. Um exemplo é o uso excessivo do gerúndio em reuniões, que não leva a lugar nenhum e só serve para atrapalhar as trocas. Muitas vezes, falamos de maneira abstrata, com distorções e omissões, o que dificulta a compreensão da mensagem. O pior é que, mesmo sem compreender completamente a mensagem passada, um liderado pode fingir (ou achar) que entendeu, e isso, a longo prazo, gera problemas.

---

* EKER, Harv T. *Os segredos da mente milionária: aprenda a enriquecer mudando seus conceitos sobre o dinheiro e adotando os hábitos das pessoas bem-sucedidas.* Rio de Janeiro: Sextante, 2006.

O mundo está
em constante evolução,
e, se você não acompanha,
fica para trás.

JOEL JOTA   A TRINCA

A comunicação precisa ser uma prática diária, algo que você desenvolve e melhora constantemente com trabalho, dedicação e treino.

Mas ela não é a única habilidade a ser treinada para quem busca o sucesso...

No Fórum Econômico mundial, um encontro que ocorre anualmente, foram discutidas em 2023 as principais competências que os profissionais de alta performance deverão ter no futuro. Entre elas, temos o pensamento crítico/analítico.[*]

Vamos nos aprofundar no pensamento crítico, que significa não aceitar as coisas sem questionar. Quem pensa de modo crítico pensa com a própria cabeça, questiona, analisa e, a partir disso, toma decisões mais conscientes e seguras.

Você já deve ter ouvido aquele ditado comum: "Se está com medo, vai com medo mesmo". Mas será que isso é realmente um bom conselho? Vou explicar por que eu considero que não. Quando você está com medo, suas emoções tomam conta. E sabe o que acontece quando a emoção aumenta? A inteligência diminui — e, com ela, seu pensamento crítico. Você se torna menos racional, toma decisões impulsivas e, muitas vezes, faz escolhas equivocadas.

Outro clichê popular é o tal do "Foguete não dá ré". À primeira vista, parece motivador, não é? Mas, pense bem, será que realmente faz sentido? E o famoso "No final, tudo vai dar certo; se não deu certo, é porque ainda não chegou ao final"? Será que essas frases, repetidas tantas vezes, são realmente verdades universais?

No fim, todas elas partem de um mesmo princípio: basta querer para que tudo aconteça. Agora peço que respire

---

[*] Fonte: As competências do futuro segundo o Fórum Econômico Mundial. Isae Brasil. Disponível em: https://isaebrasil.com.br/as-competencias-do-futuro/. Acesso em: 19 set. 2024.

fundo e reflita um pouco, use o seu pensamento crítico. Será que essas ideias realmente se aplicam a todas as situações da vida?

No dia 13 de junho de 2019, meu filho, João Vicente, nasceu. Nesse mesmo dia, inúmeras outras crianças vieram ao mundo, espalhadas pelo planeta. Algumas delas nasceram em lares onde os pais estão ausentes ou presos, com mães envolvidas com drogas ou já enfrentando problemas de subnutrição e complicações neurológicas. Agora, me diga: o ponto de partida dessas crianças é o mesmo que o do meu filho? Será que, para crianças que nasceram em circunstâncias desafiadoras, simplesmente "querer" é suficiente para transformar suas vidas? Claro que não.

Aprendi essa dura realidade ao trabalhar em um projeto social. Até então, eu também acreditava no "basta querer". Mas, ao me deparar com algumas situações, entendi que não é bem assim. Querer é importante, com certeza. Afinal, é o ponto de partida. Mas apenas o ato de querer não resolve nada. Se você colocar todo o seu esforço na direção errada, sem uma estratégia clara, não vai enriquecer e não vai alcançar seus objetivos.

Vamos falar de riqueza e crescimento pessoal. Existe uma ideia supervalorizada por aí. "Trabalhe duro, que uma hora você chega lá." Agora pense em quantas pessoas você conhece que estão há quinze anos trabalhando duro e, ainda assim, não evoluíram na vida. O que aconteceu com elas? Muitas continuam acreditando que, em algum momento, o sucesso vai bater à porta, mas a verdade é que isso não acontecerá. E isso não é pessimismo, é um fato.

Existem lugares que não vão fazer você crescer. Existem pessoas que não vão fazer você decolar. Existem atitudes que não vão fazer você chegar aonde deseja. Ponto-final. Não adianta insistir em caminhos que não o levam a lugar algum. Pense estrategicamente para traçar o seu plano de sucesso.

JOEL JOTA

MUDAR NÃO É UMA ESCOLHA, É UMA NECESSIDADE

Quer um bom medidor para entender que você está evoluindo, crescendo? Quando as pessoas começarem a dizer: "Nossa, como você mudou!". E confie em mim: na maioria das vezes, essa mudança significa abandonar ideias que não funcionam, ambientes que o limitam e pessoas que o puxam para baixo.

A resistência a mudanças é um dos maiores obstáculos para o crescimento, tanto pessoal quanto profissional. Todos nós temos uma zona de conforto que, por mais limitadora que seja, oferece uma sensação de segurança. No entanto, permanecer nessa zona pode ser o maior risco de todos. O mercado, a tecnologia e até mesmo as demandas dos clientes estão em constante transformação, e resistir ao futuro pode ser fatal. Abrace a mudança como uma oportunidade, não como ameaça. Cada transição traz a chance de evoluir, de aprender algo novo, de se adaptar às novas realidades do mercado, de inovar.

Em 2018, passei por uma grande revolução. Tudo começou quando recebi a mensagem de um grande amigo, alguém que conheço há muito tempo. Ele me disse: "Joel, quero te falar uma coisa. Você mudou muito, cara. Agora você só anda com essa galera do empreendedorismo, só fala desses assuntos". Para ser honesto, aquilo me atingiu em cheio, fiquei muito surpreso e bem mal.

Em um primeiro momento, pensei: "Eu não mudei. Sou o mesmo de sempre". Mas, depois de refletir um pouco, percebi que tinha mudado, sim. Antes, eu não era casado; agora sou. Não tinha filhos; agora tenho. Não falava em público; hoje falo. Eu desejava crescer, e mudei para isso. Ao perceber essa mudança, me senti incrivelmente liberto. Foi um alívio entender que a mudança era natural, parte do meu crescimento.

Se de início achei que meu amigo estivesse sendo duro, talvez exagerando, não pude deixar de notar que pessoas

Abrace a mudança como uma oportunidade, não como ameaça. Cada transição traz a chance de evoluir, de aprender algo novo, de se adaptar às novas realidades do mercado, de inovar.

JOEL JOTA   A TRINCA

próximas a mim, aquelas que cresceram comigo, diziam a mesma coisa: "Joel, você está diferente". E, de fato, estou. Estou sempre em movimento, sempre buscando aprender, crescer, me adaptar.

Logo depois, alguém comentou: "Pelo menos você não perdeu a essência".

E o que é essa essência de que tanto falam? Será que é algo que devemos preservar a todo custo? Pensei muito nisso e, depois de uma análise sincera, cheguei à conclusão de que mudei, sim, a minha essência.

A verdade é que todos temos uma essência. Ela nem sempre ela é positiva: algumas pessoas têm a essência de trair, de enganar, de ser agressivas, de fazer coisas erradas. Só que a minha essência eu mudei para melhor.

E adivinhem como fiz isso? Por meio do conhecimento. Por meio do aprendizado constante, percebi que mudanças eram necessárias. Mudar de opinião, por exemplo, não é sinal de fraqueza, mas de evolução. Hoje, se eu paro para pensar e percebo que estava errado, não hesito em mudar de opinião. Estou livre do julgamento alheio e, ainda mais importante, estou livre do meu próprio julgamento. Porque, no fim das contas, o pior julgamento não é o que vem dos outros, mas o que vem de nós mesmos. Ganhar a batalha contra o que os outros pensam é difícil, mas vencer a luta contra nós mesmos é um desafio maior ainda.

Por tudo que falei até aqui, retomo uma das ideias principais deste texto: é fundamental continuar estudando até o último minuto da vida. Todos os dias, precisamos estar vigilantes sobre quem somos e como agimos. O mundo de hoje exige de nós performance alta, adaptação constante e aprendizado contínuo.

Olhe ao seu redor. Veja como as coisas mudam rapidamente, como a inteligência artificial (IA) revoluciona o mundo. Minha própria empresa mudou sua estratégia de tecnologia por causa da IA generativa. E uma pesquisa realizada com setecentos líderes de empresas globais mostrou que "75% das organizações no mundo estão, neste momento, incorporando a inteligência artificial em seus processos".[*]

A inteligência artificial está se tornando parte indispensável de todas as empresas. Agora, pense bem: se você não está, no mínimo, curioso para entender essa tecnologia, pode estar se colocando em posição de desvantagem. A realidade é que, se não adotar a IA, corre o risco de se tornar obsoleto.

Isso mostra como o conhecimento e a adaptação são fundamentais. Não podemos ficar parados, precisamos evoluir, porque o mundo não espera por ninguém.

Eu sempre me lembro da história de um amigo que veio até mim um dia e contou que havia sido demitido. Quando perguntei o que ele fizera de errado, a resposta foi: "Não fiz nada". Foi aí que percebi: esse é o problema. Não fazer nada, em um mundo que está em constante evolução, é o que nos coloca em risco.

Quando meu amigo comentou que foi demitido, sendo um excelente profissional, simplesmente não pude acreditar. Se você acha que está dando o seu melhor, mas ainda assim sofre uma demissão, precisa reconsiderar o que realmente significa estar entre os melhores.

Às vezes, pode parecer parece que sou insensível, mas é porque venho do mundo dos atletas, no qual o feedback é direto, verdadeiro e sem rodeios. No esporte, se você não está performando, alguém vai dizer isso na lata. E acredito que é desse tipo de honestidade que todos nós precisamos, espe-

---

[*] Pesquisa aponta que ¾ das empresas no mundo já utilizam IA. *Terra*, 27 jun. 2024. Disponível em: https://www.terra.com.br/noticias/pesquisa-aponta-que-34-das-empresas-no-mundo-ja-utilizam-ia,df0b0fd9ed704d322f73a6760e5a79b9vfe00ewa. html. Acesso em: 18 set. 2024.

cialmente em um mundo onde a tecnologia e a inteligência artificial estão redefinindo o que significa ser competitivo.

Não dá mais para ficar parado, achando que "fazer nada" vai manter você seguro. O mundo não funciona assim. A evolução tecnológica está mudando as regras do jogo, e, se você não estiver preparado, ficará para trás.

Quando eu treinava para ser um nadador competitivo, a abordagem do meu técnico era exatamente essa: direta e sem rodeios. Imagine o começo de temporada. Ele chegava para mim e perguntava: "Joel, qual é o seu objetivo?". E eu respondia: "Quero ser campeão brasileiro". Você acha que ele me perguntava se eu tinha alguma crença limitante? Acha que ele perguntava sobre traumas de infância? Claro que não. A resposta era objetiva: "Quer ser campeão? Então bora treinar".

Era simples assim. Eu treinava, treinava e treinava. Para os cinquenta metros livres, treinava por semanas a fio, sem descanso. Treinava para nadar cinquenta metros sem respirar — não era uma questão de tentar, era uma exigência. Meu técnico me colocava para fazer 35 tiros de cinquenta metros sem respirar, repetindo até que se tornasse quase natural para mim.

Na hora da prova, quando você está nadando cinquenta metros sem respirar, a golfinhada é perfeita, os movimentos são precisos, e tudo está no lugar. Mas a pressão é imensa. Você passa os primeiros 25 metros segurando o gás carbônico, sentindo o ácido lático acumulando e sua frequência cardíaca subindo. Chega um ponto em que você não aguenta mais, mas continua, porque respirar naquele momento pode custar preciosos centésimos de segundo. E, de fato, já perdi uma prova por apenas seis centésimos de segundo, o tempo de um único suspiro.

Quando terminei em quarto lugar no campeonato brasileiro, fora do pódio, fora da seleção, o mundo pareceu desabar. E sabe como meu técnico reagiu? Não foi com um tapinha nas costas dizendo "tá tudo bem". Ele me confrontou: "Joel, o que aconteceu? Nós não combinamos que não era para respirar?". E eu, exausto, respondi: "Eu estava sem fôlego". A resposta dele foi direta: "E agora estamos fora do pódio, fora da seleção. Enxugue as lágrimas, porque ainda temos mil metros de revezamento para nadar. E você *vai* trazer essa medalha". Esse era o tipo de tratamento que eu recebia, e era exatamente o que eu precisava. Não havia espaço para desculpas. Era um ambiente em que o resultado falava mais alto do que qualquer justificativa.

Por que eu não reclamava? Por que eu não desistia? Porque eu queria ser campeão. Simples assim.

Quando você diz que quer algo, você precisa estar preparado para enfrentar os desafios que vêm com esse desejo.

O QUE MUITO VALE, MUITO CUSTA

Vejo, muitas vezes, pessoas que dizem querer algo, mas na hora que os desafios surgem, elas desistem. Tem gente que chega para mim e pergunta: "Joel, como você faz para ter essa vida corrida?". Mas a verdade é que minha vida não é corrida; ela é exatamente do jeito que eu sempre quis. O meu sonho era falar para multidões, e hoje é o que faço.

Há pessoas que pedem pela chuva, mas não suportam a lama que vem junto. Pedem clientes, depois reclamam deles. Pedem trabalho, e então se queixam do cansaço. A vida que levo hoje é a vida que escolhi. Eu quis isso, eu quis ter uma plateia, eu quis ser campeão. E se você quer algo grande, não pode esperar que o caminho seja fácil. Se o seu objetivo é extraordinário, você não pode se contentar em ser comum.

Isso que estou falando vai além do conhecimento técnico; é sobre autoconhecimento. Saber o que você quer, entender o que é necessário para alcançar seus objetivos e estar dis-

JOEL JOTA

posto a pagar o preço. O autoconhecimento é um pilar fundamental que muitos ignoram na busca pelo sucesso. Saber o que realmente tem o poder de motivar você, quais são seus pontos fortes e no que precisa melhorar é crucial. É como um mapa que o guia pelas decisões mais acertadas na sua carreira e na vida pessoal.

Importante: o autoconhecimento não é um processo que acontece de uma hora para outra; ele é construído com introspecção, reflexão, e, muitas vezes, com o feedback das pessoas ao seu redor. Uma carreira de sucesso não é pavimentada apenas com habilidades técnicas, mas ao lado de um profundo entendimento de si mesmo e do impacto que pode causar em quem está ao seu redor.

Atualmente, temos um enorme desafio quando se trata de conhecimento: temos que lidar com o fato de que nem toda informação que recebemos é verdadeira. Temos *fake news*, riscos cibernéticos, golpes e a responsabilidade legal que vem com o uso de novas tecnologias. Portanto, além de aprender a usar essas ferramentas, precisamos ser minimamente curiosos e críticos para discernir o que é verdadeiro e o que é falso. Se você não fizer isso, novamente, ficará obsoleto.

Volto à história do meu amigo que foi demitido. A verdade é que ele foi demitido porque não estava à altura das exigências. Assim como eu, quando nadava e respirava no momento errado, e terminava em quarto lugar. Essa é a realidade. No momento-chave, ele falhou, e é exatamente isso que acontece quando você não está preparado.

Mas essa não é uma conversa que todo mundo está pronto para ouvir. É por isso que eu, Joel Jota, não sou um exemplo para todo mundo, e tudo bem. Não sou para quem não está disposto a encarar a realidade. Não sou para aqueles que preferem reclamar a resolver o problema, a buscar soluções. Adultos resolvem, e crianças reclamam — e há muitos adultos que ainda se comportam como crianças.

Quando você diz que
quer algo, você precisa
estar preparado
para enfrentar os
desafios que vêm com
esse desejo.

JOEL JOTA

A TRINCA

Imagine, por um momento, que seu filho está enfrentando um problema de saúde grave. Um problema que exige um tratamento urgente fora do país. O que você faria? Não haveria hesitação, certo? Você faria o que fosse necessário, não importa o quanto custasse, e tomaria todas as medidas possíveis para garantir que ele recebesse o tratamento adequado. Quando se trata dos nossos filhos, não há espaço para negociações. A decisão é imediata, inquestionável.

Agora, reflita sobre como agimos quando se trata de nós mesmos. Será que temos a mesma determinação? A mesma urgência? Muitas vezes, quando a questão envolve nosso próprio bem-estar, tendemos a negociar, a procrastinar, a postergar, a duvidar se o esforço vale a pena. Com nossos filhos, somos resolutos; mas quando se trata de nós mesmos ou de nossos negócios, frequentemente hesitamos.

Aqui entra uma reflexão importante, sobre confiança. Para aqueles que têm fé, acreditamos que Deus confia em nós. Mas você confia em si mesmo? Confiança é uma habilidade a ser desenvolvida, treinada, construída, como um músculo que se fortalece com o uso constante. Quanto mais você a treina, mais forte ela se torna, e mais preparado estará para enfrentar os desafios que surgirem.

Vou dar um exemplo pessoal. Quando comecei a estudar inteligência artificial, não sabia praticamente nada sobre o assunto. No entanto, entendi a importância de aprender, de me adaptar às novas realidades do mercado, e investi tempo e esforço nesse conhecimento. E você? Está disposto a fazer o mesmo? Está disposto a investir em si mesmo, a desenvolver sua confiança, a aprender o que for necessário para se manter relevante? Espero que sim!

TRABALHAR ESTRATEGICAMENTE

Para crescer em qualquer área da vida, é preciso seguir um conjunto de estratégias fundamentais. Estas são as cinco jogadas que você precisa entender e aplicar:

O que você quer? — Defina claramente seus objetivos. Sem uma meta específica, você não tem direção.

Por que você quer isso? — Entenda suas motivações. O "porquê" é o que vai impulsioná-lo nos momentos difíceis.

Em quanto tempo você quer alcançar? — Estabeleça um prazo para alcançar seus objetivos. Sem um limite de tempo, eles podem se transformar em sonhos vagos que não saem do papel.

Qual é a sua uma lista de ações para alcançar esse objetivo? — Planeje seus passos. Quais são as ações concretas que você precisa realizar?

O que pode atrapalhar? — Antecipe os obstáculos. Quais barreiras podem surgir e como você pretende superá-las?

Pode parecer simples, e é. Mas o simples não deve ser subestimado; pelo contrário, deve ser aplicado de forma diligente. Pense nisso como um exercício do óbvio. Se você deseja ter uma vida saudável, o que deve fazer? Cultivar uma alimentação balanceada, realizar exercícios regularmente, ingerir a quantidade ideal de água, ter uma boa noite de sono. São coisas óbvias, certo? Mas são essas ações óbvias e simples que, quando repetidas consistentemente, trazem os resultados que buscamos. E assim como no cuidado com a saúde, o mesmo princípio se aplica em todas as áreas da vida: disciplina, clareza nos objetivos, e uma estratégia bem definida. Essas são as chaves para o sucesso.

Agora, pense em um relacionamento amoroso incrível. O que é necessário para isso? Comunicação clara, respeito mútuo e fidelidade. Essas são as bases, os pilares que sustentam qualquer relacionamento saudável. São coisas óbvias, certo?

JOEL JOTA

E quando se trata de criar filhos que serão bons cidadãos, o que precisamos fazer? Mais uma vez: comunicação, respeito e, acima de tudo, ser um exemplo para eles. Nossos filhos aprendem mais com nossas ações do que com nossas palavras.

Agora, e se você quer ser um profissional reconhecido? O que é necessário? Conhecimento na sua área, uma rotina consistente de trabalho e preparação contínua. Essas também são coisas óbvias. Mas quantas vezes nos esquecemos de praticar o óbvio?

Muitas pessoas frequentam palestras e workshops em busca de uma solução mágica, uma "bala de prata" que resolverá todos os problemas de uma vez. Esperam por aquela dose de motivação que vai transformar sua vida de forma instantânea. Mas aqui está a verdade: o que realmente precisamos não é de uma dose momentânea de motivação, mas de repetição, constância, disciplina. Esse é o segredo.

A repetição é a mãe da habilidade. A prática constante fortalece as conexões neurais, tornando as ações automáticas e eficientes. Ao repetir uma ação, você está basicamente programando seu cérebro para realizá-la com menos esforço e mais precisão. Isso vale para qualquer habilidade, desde aprender a tocar um instrumento musical até dominar uma nova competência no trabalho. A chave é a consistência: quanto mais você pratica, mais natural e fluente se torna naquilo. Ao longo do tempo, o que antes era difícil se torna uma segunda natureza.

A vida incrível que você deseja não está tão longe assim; está a algumas decisões de distância. Decisões corretas e consistentes podem mudar tudo.

Por outro lado, é importante reconhecer que nem tudo depende apenas das nossas decisões. Existem interferências que podem atrapalhar o caminho. Pensamentos negativos, influências externas e ambientes desfavoráveis são alguns exemplos. Pergunte-se sempre: o ambiente em que você

O que realmente precisamos não é de uma dose momentânea de motivação, mas de repetição, constância, disciplina. Esse é o segredo.

JOEL JOTA

A TRINCA

está é propício para levá-lo onde deseja chegar? Se a resposta for não, aja imediatamente. A responsabilidade de mudar a sua vida é sua.

Não adianta buscar fora de si a solução para problemas que são seus. Às vezes, as pessoas vêm ao meu Instagram e dizem: "Joel, meu marido fica o dia inteiro bebendo cerveja e não conversa comigo. O que eu faço?". Minha resposta é direta: "Não sei, quem casou com ele foi você. Se vira!". Pode parecer duro, mas é a verdade. Você pode fazer o que achar que é o melhor para você, desde que enfrente a situação. No final das contas, o que vai determinar o seu sucesso ou fracasso é a sua capacidade de assumir a responsabilidade por sua vida, suas decisões e as ações que você toma todos os dias. Isso não pode ser delegado a ninguém.

Quer aprender como ter uma conversa difícil? É mais simples do que parece. Você chega para a pessoa e diz: "Hoje vamos ter uma conversa difícil". Pronto. Ao avisar que a conversa será difícil, você já prepara o terreno. Pode parecer uma abordagem direta demais, até dura, mas o ponto é que não dá para fugir dessas conversas se você realmente quer crescer e mudar de fase na vida. Enfrentar situações difíceis é parte do processo. Se você evita essas conversas, está, na verdade, evitando o crescimento. Para chegar aonde estou hoje, por exemplo, tive que tomar muitas decisões difíceis. E uma das mais importantes foi decidir se eu queria ser amado ou respeitado.

Decidi ser respeitado. E o respeito não vem apenas de palavras bonitas ou das intenções que temos. O respeito vem do trabalho que entregamos e do profissionalismo que mostramos todos os dias. Não tem outra conversa. Se você quer ser levado a sério, precisa demonstrar que é sério no que faz.

Gosto de falar sobre performance, e isso inclui analisar a minha própria. A questão é: posso estar acima do peso? Claro, a vida é minha, e posso fazer o que quiser. Mas *devo* estar acima do peso, considerando o que prego? Não, não devo. E por que não? Porque se eu entro em um palco para falar sobre performance, mas minha aparência não reflete essa mensagem, o que o meu público pensaria imediatamente? As pessoas podem até não dizer nada, mas a confiança que depositam em mim começaria a ser questionada.

A confiança não se baseia no que você diz; ela é construída pelo que você faz, pelo exemplo que dá. Seus filhos, como já pontuei, não aprendem com o que você diz, e sim com o que você faz. Eles o copiam, absorvem seus comportamentos — e isso vale para todos ao nosso redor, especialmente para os adultos com quem convivemos.

OBSTÁCULOS A SEREM EVITADOS

Existem dezenas de coisas que interferem no nosso caminho, como comentei anteriormente, e agora quero abordar cinco mitos sobre o mundo profissional. Há muita conversa sobre esse tema, mas nem tudo que se diz por aí é verdade, e considero importante saber o que não se aplica à realidade.

Mito 1: quanto mais horas você trabalha, mais produtivo você é e mais sucesso tem. Esse é um mito perigoso. A verdadeira produtividade não vem das longas horas de trabalho, mas da qualidade e da eficiência com que realiza suas tarefas. É o caso do Flávio, por exemplo, que aos 39 anos já era um homem de negócios muito bem-sucedido — e não estamos falando de milhões, mas de bilhões. Ele foi inteligente nas suas escolhas e estratégias. Trabalho duro, muitas vezes, é confundido com longas horas de dedicação, mas a verdade é que trabalho duro só faz sentido quando alinhado à estratégia certa. Trabalhar catorze horas por dia não significa que você está sendo eficiente; pode simplesmente indicar que você não conseguiu entregar o que precisava em menos tempo. Há uma linha tênue entre ser ocupado e ser produtivo. Um executivo que passa horas e horas em reuniões improdutivas pode estar drenando a própria energia sem verdadeiramente avançar. Por outro lado, alguém que dedica menos tempo, mas com foco e clareza de propósito, pode alcançar resultados muito maiores. É preciso identificar as tarefas que realmente fazem a diferença e eliminar o que é apenas barulho. E, claro, isso exige coragem para dizer "não" ao que não agrega valor. O foco deve ser na eficiência, não na quantidade. E, aqui, a inteligência artificial pode ser uma grande aliada.

Mito 2: a inteligência artificial vai levar ao desemprego em massa. Esse é outro mito. A inteligência artificial está aqui para melhorar os processos, automatizando tarefas repetitivas e rotineiras, mas sempre haverá espaço para o julgamento humano, para a criatividade, para habilidades que as máquinas não conseguem replicar. A IA não vai substituir tudo, e sim complementar e potencializar o que nós fazemos.

Mito 3: líderes têm todas as respostas. Na verdade, os líderes têm muitas dúvidas. Um bom líder não é aquele que sabe tudo, mas aquele que faz as perguntas certas, que está sempre disposto a aprender, que levanta a mão, anota, se adapta. A liderança eficaz é, acima de tudo, uma questão de comunicação. Não importa quão brilhante seja a estratégia ou quão inovadora seja a ideia, se ela não for comunicada de forma clara e convincente, dificilmente terá o impacto desejado. Um líder deve ser capaz de inspirar, de mobilizar e, sobretudo, de transmitir suas ideias de maneira que elas se tornem ação. A habilidade de comunicar não é apenas falar bem em público; é sobre ouvir ativamente, entender as preocupações dos outros, alinhar a equipe em torno de um objetivo comum. Uma comunicação eficaz é o alicerce de qualquer organização de sucesso. Aqueles que acreditam saber tudo sofrem do efeito Dunning-Kruger, uma ilusão psicológica por meio da qual pessoas acreditam ser mais competentes do que verdadeiramente são.

Mito 4: trabalhar é a coisa mais importante na vida. Não, não é. A coisa mais importante é a vida. E viver inclui, sim, o trabalho, mas também envolve cuidar da saúde, passar tempo com os filhos e de quem você ama, estar presente nos momentos que de fato importam. O equilíbrio é essencial para uma vida bem-sucedida.

Esses são alguns dos mitos que precisamos desconstruir para entender o que importa de verdade. Cada um deles, quando desmascarados, nos leva a refletir sobre como conduzimos a vida e a carreira. É importante questionar, ajustar e buscar uma abordagem mais inteligente em tudo o que fazemos.

Trabalhar duro tem seu valor, mas só se for aliado a inteligência, planejamento e equilíbrio. O sucesso verdadeiro não é apenas profissional; é pessoal. Trate de viver bem em todas as áreas da vida, não apenas no trabalho.

E já que demonstrei que o trabalho precisa ser feito de forma inteligente, direcionado e com propósito, aqui vai mais um mito que precisamos desconstruir: a ideia de que todos podem sair da pobreza apenas com trabalho duro. A realidade é que, infelizmente, não é bem assim. Ao longo da vida, ao trabalhar em projetos sociais, como já relatei, vi muitas pessoas que, mesmo se esforçando ao máximo, trabalhando duro a vida inteira, não conseguiram alcançar o sucesso financeiro.

Eu sou filho de pais nordestinos, de uma cidadezinha chamada Maruim, no interior de Sergipe. Maruim tem cerca de 9 mil habitantes — uma vez, fiz uma live e falei com praticamente a cidade inteira. Acredite se quiser, eu tenho 56 tios por parte de mãe. Meu avô teve 38 filhos — uma verdadeira alta performance! E desses filhos, nasceram 85 netos. Se você me escrever dizendo ser meu primo, eu vou acreditar, por-

JOEL JOTA

que é bem provável que seja. Mas a verdade é que muitos dos meus primos, tios e outros familiares não conseguiram sair da pobreza, apesar do trabalho duro. Tenho tios que são analfabetos, enquanto eu me tornei um escritor best-seller. Essa é a minha história, a história da minha família. E por mais que muitos deles trabalhem duro a vida toda, dificilmente vão alcançar mais porque não estão trabalhando de modo inteligente, não tiveram acesso ao conhecimento necessário para fazer melhores escolhas.

A decisão mais inteligente que meus pais tomaram foi sair de Maruim e ir para o Guarujá, na Baixada Santista. Em Santos, eu nasci. Os passos que meus pais deram mudaram a minha vida antes mesmo de eu nascer. Hoje, as decisões que você tomar podem ter um impacto semelhante na sua trajetória e na dos seus descendentes.

O trabalho inteligente, aliado às decisões certas, é o que transforma vidas. É o que o faz sair de uma situação difícil e construir algo melhor para si e para os que virão depois de você. Portanto, em vez de focar apenas o trabalho duro, é fundamental direcionar esforço para o trabalho inteligente, estratégico, e que mira o sucesso que você deseja alcançar.

A VIDA QUE VOCÊ DESEJA

Existem três grandes momentos na nossa vida. O primeiro acontece no instante que nascemos. Ali, já vencemos a primeira grande corrida — fomos o espermatozoide mais rápido. E qual é o esporte desse primeiro momento? Natação. Foi uma prova silenciosa, mas que definiu nossa existência.

O segundo grande momento é quando decidimos quem vamos ser na vida, não o que vamos fazer. Tomei várias decisões cruciais nessa fase. Decidi ser disciplinado, buscar o conhecimento e assumir a responsabilidade pelos meus problemas. Decidi viver com integridade. Decidi ser alguém que busca

Trabalhar duro tem seu valor, mas só se for aliado a inteligência, planejamento e equilíbrio. O sucesso verdadeiro não é apenas profissional; é pessoal.

JOEL JOTA

A TRINCA

a verdade, que treina, que ama música, que gosta de contar piadas, que detesta o vitimismo e que não suporta pessoas tóxicas. Decidi ser assim, e ser assim tem um preço. Cada uma dessas decisões moldou o meu caráter e a minha vida.

E é por isso que o terceiro grande momento da vida é quando escolhemos quem vai estar ao nosso lado nessa jornada, o que é fundamental. As decisões que você toma hoje, as pessoas que estão ao seu redor... Tudo isso determina quem você vai se tornar e o tipo de vida que terá. A gente tem a oportunidade de escolher a maior parte das coisas que nos cercam: o cônjuge, o ambiente de trabalho, a cidade, os amigos. A ideia romântica de que "o Cupido me flechou" pode até ter seu charme, mas, quando você chega aos 45 anos, é hora de encarar a realidade. E para quem já chegou a essa fase da vida, lembre-se: você muito provavelmente já passou da metade do caminho. Não há tempo a perder com desculpas ou ilusões.

Quero compartilhar algo muito importante que aprendi ao longo da minha jornada. Em 2019, participei de um treinamento com Tony Robbins, em Dallas, nos Estados Unidos. Eu tinha o desejo profundo de ser como ele, mas sabia que não havia alcançado todos os meus sonhos — não fui para as Olimpíadas, por exemplo. Tony Robbins é uma figura imponente, quase surreal, com uma presença que enche o ambiente. Tudo o que ele faz é sincronizado, perfeito. Enquanto assistia ao seu treinamento, fiquei pensando: "Como posso ser melhor do que ele?". A resposta que veio à minha mente foi um choque: em nenhum lugar. Tony Robbins era impecável.

Mas aí fui salvo por algo que li em um livro que custou apenas 48 reais: "Se você não puder ser o primeiro de uma categoria, crie uma categoria na qual você possa ser o primeiro". Isso me levou a criar algo próprio, algo único. Tony Robbins tem o famoso *firewalk* (andar sobre brasas), uma experiência icônica em seus eventos. Eu decidi criar algo tão impactante quanto, mas diferente.

Eu fiz com que o *Guinness Book* criasse uma nova categoria, e assim, criei meu próprio espaço. Sim, liguei para o *Guinness Book* e perguntei sobre o recorde da maior quantidade de pessoas de mãos dadas no mar. Eles disseram que essa categoria não existia. Então eu a criei. Foi um momento de epifania: o mundo é vasto, cheio de oportunidades. Não tente copiar ninguém. Se quer ter alta performance, seja você mesmo, mas seja autêntico, com convicção, coragem e confiança.

Como já comentei, desde pequeno, meu sonho sempre foi participar das Olimpíadas. Tenho uma foto da minha primeira competição, aos treze anos. Olhando para aquela imagem, é difícil acreditar que aquele moleque magrinho, sem grandes perspectivas, se tornaria tantas vezes campeão brasileiro. Essa jornada me ensinou uma lição valiosa: se você pedir permissão para realizar seus sonhos, ela nunca virá. As pessoas não vão dar permissão nem para você abrir as portas, e é por isso que é preciso criar as próprias oportunidades. Se não pode ser o primeiro em algo já existente, crie algo novo, algo que seja condizente com suas habilidades e capacidade.

Seja você mesmo, com tudo o que isso implica. Não copie os outros, crie sua própria marca, sua própria categoria. É assim que você encontra e realiza seu verdadeiro potencial. Olhando para trás, vejo um garoto que sonhava grande, mas em quem ninguém acreditava. Um moleque que nasceu com pouco, mas que carregava uma determinação que o levou a conquistas que muitos julgariam impossíveis. Não há como esconder o orgulho que sinto ao olhar para as medalhas que conquistei, para as seleções que representei e para as histórias que vivi ao longo da minha trajetória.

Meu maior incentivador nessa jornada foi meu pai, um homem cuja presença continua viva em cada conquista que celebro, mesmo que ele já não esteja presente entre nós. Ele sempre dizia: "Confie em você, filho", e essa confiança foi o combustível que me levou adiante, especialmente nos momentos em que duvidei de mim mesmo.

Quero pedir algo a você, que está lendo estas palavras agora: confie em si mesmo, mais do que em qualquer outra pessoa. Sei que você tem um apreço por mim, e é exatamente por isso que estou fazendo esse pedido — não por mim, mas por você. Todos os dias, diga aos seus filhos para acreditarem em si mesmos. Faça disso um mantra, um hábito que moldará o futuro deles de maneira positiva e poderosa.

Lembre-se de que a confiança não aparece de repente; ela é construída dia após dia, através da persistência e do desenvolvimento constante das suas capacidades. Quero que saiba que a verdadeira liberdade vem da confiança que você constrói em si mesmo. E essa confiança, como tudo na vida, é fruto de muita dedicação. A jornada pela liberdade começa com acreditar em si mesmo, mas é pavimentada todos os dias, com ações e escolhas.

Se fosse necessário, eu faria tudo de novo, mesmo que levasse quarenta ou cinquenta anos, porque o que realmente importa é o resultado. O que eu mais quero compartilhar com meus filhos é uma jornada de persistência, fé e determinação, da qual nunca desistimos. O que realmente importa, afinal, é como, diante de todos os desafios, nos levantamos, nos fortalecemos, persistimos e nos transformamos na melhor versão de nós mesmos.

CRIE AS FASES DO SEU PRÓPRIO JOGO

FLÁVIO AUGUSTO

Meu filho mais velho se casou recentemente. Quem me acompanha nas redes sociais provavelmente já sabe disso, até compartilhei um vídeo desse momento especial. Confesso que foi estranho me ver no papel de sogro, uma experiência que trouxe muitas reflexões, especialmente em meio à correria e aos desafios que vivemos todos os dias.

Quando me dei conta, lá estava meu filho, entrando em uma nova fase da vida. Trinta e dois anos atrás, ele era apenas um garoto. Tenho uma foto dele ainda menino, tirada exatamente uma semana depois da minha lua de mel (que, a propósito, foi em Xerém, terra de Zeca Pagodinho. Talvez você imaginasse algo mais glamoroso, mas é isso mesmo: eu e minha esposa passamos a nossa lua de mel em Xerém). A vida é assim, feita de fases. Hoje, estou aqui como pai, observando meu filho iniciar uma nova etapa. Ontem, eu estava no lugar dele, e um dia, será você. Tenha paciência, porque a vida tem um modo curioso de nos levar de uma etapa para outra, sem pedir permissão.

É sobre essas fases da vida que quero falar com você neste livro. A sociedade nos coloca nelas quase sem que percebamos.

Desde cedo, na escola ou até mesmo dentro de nossas famílias e círculos de amizade, essas etapas são definidas por nós, e muitas vezes não temos nem a chance de opinar.

Essas fases podem ser divididas em quatro grandes ciclos. A primeira grande fase da vida é a escolar, que começa cada vez mais cedo. Na minha época, a escola começava aos seis ou sete anos; hoje, é comum ver crianças iniciando aos quatro, ou até mesmo aos dois anos. E essa etapa dura toda a juventude.

A segunda fase é a da faculdade. Você sai da escola e, se tiver essa opção, vai direto para a universidade. Desde cedo, a escola já prepara o adolescente para isso, com toda a pressão do Enem e dos vestibulares. O objetivo é claro: garantir uma vaga na faculdade e seguir para a próxima etapa.

Ao terminar o ensino superior e poder se dedicar exclusivamente a um emprego, começa a terceira fase. Se você foi um aluno aplicado, talvez consiga uma vaga em uma grande empresa, garantindo assim uma boa entrada no mercado de trabalho.

A última fase é a do INSS, a da aposentadoria. Essa é a última etapa do projeto de vida que a sociedade nos apresenta, um roteiro quase predeterminado e imposto.

Não há nada de indigno nesse projeto de vida. É uma trajetória comum, que muitos seguem. Mas desejo que você reflita sobre isto: talvez, exista algo a mais. Algo além desses estágios que nos são apresentados.

A verdade é que esse projeto de vida que acabei de descrever é como um pacote fechado, pronto, para o qual todos nós — eu me incluo nisso — fomos treinados. Fomos preparados para viver dentro dessa "caixinha". A sociedade apresenta essas fases como se fossem a única maneira de levar a vida, e muitas vezes aceitamos tal premissa sem questionar.

Quando você segue cada passo que a sociedade impõe e chega à etapa final, depara-se com algo chamado "teto do

FLÁVIO AUGUSTO

INSS". O teto é um valor fixo, determinado, atualmente em R$ 7.786,02.* E eu me pergunto: por que *dois centavos*? Por que não três centavos? Parece um detalhe insignificante, mas revela um ponto importante sobre o controle que nos é imposto.

Em algum lugar, provavelmente em Brasília, um burocrata decidiu que, não importa o que aconteça na sua vida, não importa o quanto você tenha se esforçado ou o quanto tenha contribuído, você está fadado a esse teto. Alguém que você nunca conheceu decidiu qual deve ser o limite da sua remuneração após muitos anos de trabalho.

Se você seguiu o caminho-padrão — escola, faculdade, trabalho, aposentadoria —, saiba que o seu destino já foi decidido. Alguém definiu o seu teto, o seu limite. E teto não combina com liberdade. Ou seja, se almeja construir uma jornada da liberdade, se busca ser o dono da própria história, você já tem o primeiro grande obstáculo a ser superado: alguém decidiu o seu futuro por você sem sequer pedir a sua opinião.

Imagine aquele profissional que, durante toda a vida, ganhava um salário de 50 mil reais por mês. Quando chega na fase do INSS, ele descobre que, independentemente de sua contribuição ou do seu esforço, receberá o teto de R$ 7.786,02. Isso é liberdade? Claro que não.

Se você tem a pretensão de ser livre, de tomar as rédeas da sua vida, então deve entender que aceitar que alguém determine o seu teto é uma ofensa à sua liberdade. O teto é uma forma de dizer: "Cale a boca e aceite o seu lugar". E se, por algum motivo, você tentar romper esse limite, o sistema vai lembrá-lo do seu lugar, forçando-o a voltar à posição preestabelecida.

---

* Valor estipulado para o ano de 2024.

Esse é o modelo que a sociedade nos apresenta — um roteiro amplamente conhecido, divulgado e promovido. Eu, você, nossos pais, nossos filhos... Fomos todos treinados para seguir esse caminho. Mas a verdade é que esse não é o único modelo. Existem outros planos, outras possibilidades, outros caminhos que não envolvem aceitar passivamente o que já foi decidido. É sobre isso que precisamos refletir. E assim, talvez, possamos buscar alternativas que nos conduzam à verdadeira liberdade.

MAS E SE HOUVER OUTRA SAÍDA?

Agora, vou apresentar uma visão diferente das fases da vida, baseada na minha própria experiência. Quero deixar claro que não tenho a pretensão de ser o dono de todas as respostas. O que vou compartilhar aqui não deve ser visto como uma verdade absoluta, e sim como fruto de 32 anos de jornada profissional, dos quais 29 foram dedicados ao empreendedorismo.

Ao longo desses 29 anos, não apenas construí minha carreira empreendedora como também ajudei outros empreendedores a se desenvolverem. Fiz isso dentro do ecossistema que criei, composto de várias empresas e milhares de funcionários. Alguns desses profissionais se tornaram executivos, outros se tornaram sócios, e muitos deles seguiram o caminho que vou apresentar a seguir.

Antes, tenho um pedido: enquanto eu compartilho minha visão sobre as fases da vida, use essa oportunidade para refletir. Compare o que vou dizer com as quatro fases tradicionais que a sociedade nos apresenta e veja o que faz mais sentido para você. Combinado? Então vamos começar.

A primeira fase, na minha visão, é a *Fase Zero*.

Por que Fase Zero e não Fase 1? Deixe-me explicar. Você já jogou videogame? Não precisa ter vergonha de admitir. Eu mesmo já joguei muito e, de vez em quando, ainda jogo

FLÁVIO AUGUSTO

com meus filhos. Bom, nos jogos, você passa por várias fases, cada uma com seus desafios. Agora, pense no momento antes de o jogo realmente começar: esse é o paralelo que faço com a Fase Zero, a fase do figurante.

Chamo essa etapa de Fase Zero porque o "jogo" da sua vida ainda não começou de verdade. Ela se dá naquele momento em que você ainda mora com seus pais, em que ainda são eles que cuidam de você, que o sustentam. Nesse período, você está na Fase Zero porque, essencialmente, ainda vai iniciar o próprio jogo.

Nesse período, você está vivendo o filme dos seus pais. Eles são os protagonistas, e você é o figurante. Não há nada errado nessa dinâmica, mas é importante entendê-la. Muitas pessoas, por não compreenderem isso, chegam aos quarenta anos ainda na Fase Zero. O que você precisa ter em mente é que as etapas da vida não estão diretamente relacionadas à sua idade, mas aos níveis que você supera. Enquanto você não alcança determinado patamar, continua na mesma fase.

Durante a Fase Zero, você idealmente está na escola, talvez na faculdade, vivendo um momento em que tem muitas opiniões, mas poucas realizações. Se você der uma olhada nas redes sociais, verá muita gente na Fase Zero — muitas opiniões, muitas ideias, mas pouca prática, poucos feitos.

Essa fase ainda não é a vida real. A escola é um lugar de simulação da vida, assim como a faculdade. Elas não representam a realidade como ela é de verdade, ou seja, a vida ainda não começou para valer. Entender isso é fundamental para que você consiga superar o estágio atual, avançar para as próximas fases e, eventualmente, se tornar o protagonista da própria história.

De novo: a vida de alguém que está na Fase Zero não teve início. É como se a pessoa estivesse no "aquecimento", se preparando para entrar em campo, mas sem realmente ter começado o jogo. Ou então ela está na plateia, observando a partida que os pais estão jogando, sem ainda ser a protagonista da própria história. Essa é a essência da Fase Zero.

E qual é o perigo dessa etapa? O perigo reside no fato de que muitos jovens não compreendem que a vida ainda não começou para valer, não percebem que estão em uma fase de preparação. Eles se veem imersos em uma espécie de simulação, como se estivessem usando óculos de realidade aumentada, vivendo em um mundo que até parece real, mas não é.

Como resultado, prolonga indefinidamente a "simulação de vida" e não avança. Infelizmente, temos visto o período da Fase Zero se estender cada vez mais. Não é raro encontrar adultos de trinta anos ainda presos nessa etapa, algo que antigamente era raro de acontecer. Hoje em dia, parece até aceitável que muitos posterguem o verdadeiro início da vida. Mas isso, na minha opinião, representa um grande desperdício de potencial.

E como sair da Fase Zero e avançar para a próxima fase?

A resposta está em assumir o protagonismo da sua vida e passar para a Fase 1, quando você se torna o ator principal da sua história.

E quando é que a Fase 1 realmente começa? Quando você forma a própria família. Essa é uma evolução natural não só para os seres humanos, mas para qualquer espécie. Formar a própria família é o marco que define o início da Fase 1.

Deixe-me ser mais específico sobre o que isso significa. Como eu disse no início deste capítulo, meu filho mais velho se casou. Com isso, ele formou a sua família. A partir desse momento, ele não é mais parte da *minha* família no sentido tradicional. Agora, sou apenas um parente, um membro da parentela, mas não sou mais o centro da vida dele. Meu filho formou uma nova unidade familiar. E como seu pai, mesmo continuando a ser seu amigo, mentor e conselheiro, preciso respeitar esse novo núcleo que ele construiu. Ele é agora o ator principal da própria vida, em uma nova fase sobre a qual eu não tenho mais domínio.

FLÁVIO AUGUSTO

Essa transição é crucial para o crescimento e amadurecimento de qualquer pessoa. Entender e respeitar essa mudança é o que permite que a Fase 1 se desenvolva plenamente, marcando o início da vida adulta e da jornada pessoal de cada um.

Há pessoas que se casam, mas não assumem de fato o papel principal na nova família que formaram, e isso pode ser um grande transtorno. Você concorda comigo? Quando uma nova família é formada, o indivíduo precisa enfrentar a responsabilidade de ser o protagonista da própria vida. Ele passa a tomar decisões que antes não precisava encarar ou que compartilhava com os pais. Agora, ele está no comando.

Estou vivendo isso de perto. Embora meu filho já estivesse tocando a vida dele antes, agora é diferente.

Essa nova fase traz alguns perigos. Um dos maiores é o famoso "pagar boletos". Preste atenção nesta expressão: "pagar boletos". Repita comigo: "pagar boletos". É assim que começa, e aí reside o problema. Ao começar a pagar boletos, existe o risco real de acreditar que a vida se resume a isso, exclusivamente a pagar as contas. O ímpeto, a ousadia que você tinha antes, pode começar a se transformar em uma "pseudorresponsabilidade". De repente, você se pega pensando: "Agora sou responsável, agora tenho contas a pagar, não posso mais assumir riscos".

Porém, o maior risco de todos é passar a vida inteira na Fase 1, apenas pagando os boletos, sem nunca sair dessa etapa. Conheço várias pessoas que vivem assim, e tenho certeza de que você também conhece.

Não me entenda mal, o problema não está em pagar seus boletos, ser uma pessoa responsável, trabalhar todos os dias e cumprir com suas obrigações financeiras. Esse é um comportamento digno e respeitável. Só não podemos nos esquecer de que existe a próxima fase, a Fase 2, que chamo de *Fase do Desbravador*. Alguns que estão na Fase 1, pagando boletos,

A resposta está em assumir o protagonismo da sua vida e passar para a Fase 1, quando você se torna o ator principal da sua história.

FLÁVIO AUGUSTO

A TRINCA

conseguem dar o salto para a Fase do Desbravador, quando começam a buscar mais do que apenas a responsabilidade diária de pagar contas. Quando começam a explorar novas possibilidades, a desafiar seus limites, a buscar algo além do óbvio.

Essa transição é crucial para aqueles que não querem passar a vida inteira apenas cumprindo o básico, aqueles que desejam realmente explorar o potencial pleno da vida e alcançar novos horizontes.

Pode ser que a Fase do Desbravador já tenha começado a se manifestar antes mesmo de alguém formar a própria família. É importante saber que essas etapas não seguem uma ordem rígida ou linear. Não há um passo a passo natural ou fixo. Às vezes, a pessoa começa a se tornar um desbravador antes mesmo de estruturar a vida familiar, e depois as coisas se organizam de maneira mais clara. É assim que acontece na vida real.

A Fase do Desbravador começa quando alguém decide qual problema ele vai resolver no mundo. Essa etapa é essencialmente sobre encontrar o seu propósito, a missão que vai guiar suas ações daqui para a frente. Nesse momento, você se depara com duas opções principais: ou escolhe resolver um problema no mundo, liderando a solução; ou opta por trabalhar para alguém que já está resolvendo um problema no mundo. Esses são os dois caminhos disponíveis.

É importante ressaltar que dá para crescer em ambos os caminhos. Por exemplo, alguém pode escolher seguir uma carreira executiva e subir de nível dentro de uma organização. Nesse caso, ele está contribuindo como um colaborador na resolução de um problema maior, atuando dentro de um sistema já em andamento.

Por outro lado, o segundo caminho é para aqueles que decidem explorar o mundo por conta própria, em busca de um problema que possam resolver diretamente.

Eles querem ser os protagonistas da solução, os líderes do processo, os donos da própria trajetória.

Esses dois caminhos são válidos, e ambos podem levar ao sucesso e ao crescimento. A chave é escolher qual faz mais sentido para você e, em seguida, se dedicar a ele com tudo que você tem.

Vou falar uma coisa muito óbvia agora, mas que precisa ser dita: empreender é, essencialmente, resolver um problema. Portanto, o desbravador é um caçador de problemas. Ele é aquele que está constantemente em busca de uma questão para solucionar, e a fase em que ele se encontra é de preparação intensa para se capacitar para isso.

Nesse estágio, o desbravador não apenas identifica o problema; ele também se dedica a estudar, se preparar e a desenvolver as habilidades necessárias para enfrentar o desafio que escolheu. Ele participa de eventos, lê livros, se envolve em mentorias e se conecta com pessoas com as quais pode aprender. Entende que precisa acumular ferramentas, ganhar conhecimento, fazer contatos. Afinal, está em uma jornada da liberdade, em busca de um problema significativo que possa resolver.

Às vezes, ele já encontrou o problema que deseja solucionar e decide focar todos os seus esforços nisso. Por exemplo, quando eu trabalhava em um curso de inglês, já estava decidido a abrir o meu próprio negócio na área. Da decisão ao início da primeira unidade da Wise Up, em 1995, foram apenas seis meses. Durante esse tempo, eu me preparei, estudei e me capacitei para ser o melhor naquilo que me propus a fazer.

O desbravador procura um problema para resolver de maneira única e melhorada. Ele investe tempo, dinheiro, recursos e foco a fim de aprender como enfrentar o desafio do mercado, como lidar com as particularidades daquele setor. Ele pesquisa, evolui e se dedica até chegar o momento em que se sinta preparado para dar o próximo passo.

FLÁVIO AUGUSTO

Em certo ponto, o desbravador vai sentir que está pronto, que é a hora de agir. Ele se pergunta: "Será que estou pronto? Será que tenho o que é necessário?". E quando ele conclui que a hora chegou, nada pode segurá-lo. Pode ser que ele ainda não tenha todo o dinheiro necessário, ou todas as respostas, mas isso não importa. O importante é que ele sabe que chegou o momento certo de avançar.

DEPOIS DE DESBRAVAR, CONTINUE!

Quando decidi que era a hora de abrir meu próprio negócio, o dinheiro era apenas um detalhe. Mesmo sendo jovem e ainda não tendo acumulado todo o capital necessário, eu sabia que precisava agir. Peguei dinheiro no cheque especial, porque, naquele momento, a única coisa que importava era que eu estava pronto para progredir.

Eu já estava preparado. Já tinha o conhecimento necessário, já havia estudado, já tinha um plano de negócios bem estruturado. Sabia exatamente o que precisava fazer. Tinha até um amigo que seria meu sócio nessa empreitada — porém, uma semana antes do início do projeto, ele desistiu. Decidiu comprar um Voyage 86 em vez de investir no negócio. Pense nisso: ele trocou 50% da Wise Up por um Voyage 86. Uma decisão que, em retrospecto, foi um verdadeiro desperdício, mas que, naquele momento, parecia lógica para ele.

Lá estava eu, com tudo pronto, mas sem um sócio. Restava-me apenas uma opção: pegar um empréstimo com juros nada amigáveis de 12% ao mês no antigo Unibanco, que nem existe mais. Essa era a realidade da época, e eu sabia que estava entrando em uma verdadeira batalha.

Essa fase que estou descrevendo é a *Fase da Preparação* — a Fase 3 —, mas logo em seguida vem a Fase 4, que começa no momento em que você inaugura o projeto que tem potencial para resolver um problema do mundo. Para mim, essa fase começou no dia 3 de abril de 1995, quando inaugurei minha primeira escola. Naquele dia, eu estava iniciando a *Fase da Guerra*.

Essa quarta etapa é como saltar de *bungee jump*: depois do salto, não há como voltar atrás. No meu caso, eu estava ganhando um bom salário para a época, cerca de 7 mil reais — o que em, 1995, com o dólar um para um, equivaleria hoje a uns 35 mil reais. Eu estava em um caminho de sucesso, mas o espírito desbravador que existia em mim me levou a encontrar o meu próprio caminho.

Assim, no dia 3 de abril de 1995, comecei a guerra. Iniciei meu projeto com tudo que eu tinha. Lembro-me até hoje da inauguração, um evento modesto, mas significativo. Servimos pastel e tubaína aos convidados. Não havia câmeras cinematográficas de Hollywood registrando o momento. A maioria das pessoas presentes eram parentes, que passaram apenas para dar uma movimentada no evento. Ainda assim, foi um marco para mim.

Essa foi a minha entrada na Fase da Guerra, quando todo o preparo é posto à prova e quando o sucesso ou o fracasso se define não apenas pela vontade, mas pela capacidade de enfrentar as dificuldades que surgem no caminho.

A guerra é exatamente isto: um confronto constante, no qual a resistência, a perseverança e a estratégia são fundamentais para sobreviver e vencer.

Na época, aquele terno que eu usava era considerado elegante. Pode parecer difícil de acreditar agora, mas era um símbolo de sucesso, mesmo que eu estivesse afundado em dívidas. E quando eu digo "afundado", quero dizer que eu devia até as cuecas, quase que literalmente. Estava pagando ao banco juros exorbitantes de 12% ao mês. Mesmo assim, lá estava eu, um garoto de 23 anos, cheio de confiança, anunciando que abriria doze escolas em lugares como Barra, Niterói e Ilha do Governador, no Rio de Janeiro. Pode parecer

FLÁVIO AUGUSTO

loucura, mas a verdade é que, apesar de estar quebrado, eu tinha estilo. E mais importante: eu tinha um plano!

No dia da inauguração, estávamos no ponto de equilíbrio. Isso significa que, antes mesmo de abrir as portas, já havíamos efetuado matrículas o suficiente para cobrir as despesas do mês. E ainda bem que foi assim, porque se não tivéssemos esse dinheiro garantido, eu estaria em sérios apuros. Imagine só: eu tinha vinte funcionários para pagar, além do aluguel, dos impostos e do contador. Mas não era apenas um devaneio; era um projeto cuidadosamente estruturado.

Para quem tem uma empresa, inaugurar no ponto de equilíbrio já é um bom começo. Muitos negócios passam o primeiro ano ou até mais sem ver lucro, apenas investindo e esperando retorno. No mundo das startups, por exemplo, isso é praticamente a norma — gastar o dinheiro dos investidores enquanto o negócio não gera receita. Só que nós começamos equilibrados, e isso, para mim, marcou o início vitorioso da minha guerra.

Essa Fase da Guerra foi caracterizada por trabalho árduo. Eu trabalhava catorze, quinze horas por dia, sem parar. E não havia margem para erro. Já se viu em uma situação na qual você simplesmente não pode errar? Essa era a minha realidade. Cada passo, cada decisão tinha que ser impecável, porque o risco era enorme.

Pense comigo: se algo imprevisível, como a pandemia de covid-19, tivesse acontecido naquele mês de inauguração, o que teria sido de mim? Eu teria quebrado, sem a menor dúvida! Não havia plano de contingência para algo dessa magnitude. Isso ilustra bem o nível de risco que eu estava enfrentando.

A Fase da Guerra é uma montanha-russa de emoções. Você tem que lidar com o risco a cada momento, mesmo quando faz tudo certo. É um estágio em que o trabalho duro é intenso, e o risco é constante. Essa fase define se você vai sobreviver e prosperar ou se será derrubado pelo peso das

A guerra é exatamente isto: um confronto constante, no qual a resistência, a perseverança e a estratégia são fundamentais para sobreviver e vencer.

FLÁVIO AUGUSTO

A TRINCA

suas decisões e das circunstâncias que, muitas vezes, estão fora do seu controle.

Esse estágio, com toda a sua intensidade e os altos e baixos emocionais, eventualmente cede lugar a uma nova etapa, que é a Fase 5: a *Fase da Aventura*. Quando exatamente isso acontece? Quando você finalmente valida o seu negócio.

A validação não acontece de um dia para o outro. É um processo que pode levar meses, até anos. No meu caso, a validação veio depois de um ano de operação, quando a primeira escola mostrou resultados recorrentes e uma boa margem de lucro. Aliás, durante o primeiro ano, a nossa escola gerou entre 1,5 milhão a 2 milhões de dólares de lucro. Foi um início sólido, e no terceiro ano já tínhamos inaugurado 24 escolas, todas próprias. A segunda escola foi aberta ainda com o auxílio do cheque especial, mas, a partir da terceira, os negócios começaram a fluir com segurança. Até a 24ª escola, todas foram abertas com os lucros que gerávamos.

Essa é a fase em que você começa a conquistar território, a dominar o terreno inimigo, por assim dizer. A guerra não apenas se estabiliza; você começa a vencê-la de forma consistente. E, quando isso acontece, você está pronto para a Fase 5.

A Fase da Aventura é um conceito interessante. É o ponto em que, depois de ter validado seu negócio e alcançado a estabilidade, você decide não parar. Pense naqueles restaurantes que você vê por aí, com placas orgulhosas dizendo "Desde 1930", "Desde 1950". Esses estabelecimentos sobreviveram à imensa taxa de mortalidade empresarial, na qual 80% das empresas fecham as portas em menos de dez anos.*

---

* MUROZAKI, Matheus. Menos de 25% das empresas brasileiras vivem por 10 anos. Como durar 30? *Infra FM*, 25 out. 2023. Disponível em: https://shorturl.at/kTFMI. Acesso em: 19 set. 2024.

São verdadeiros vitoriosos por permanecer no mercado por tanto tempo.

Mas, mesmo sendo vitoriosos, muitos desses negócios nunca avançam para a Fase da Aventura. Permanecem presos na Fase da Guerra, operando em modo de sobrevivência perpétua. Estão em "outro patamar", mas continuam pagando boletos, mês após mês, sem buscar novos desafios ou aventuras. É como aquele empresário que alcança certo nível de sucesso — começa a faturar 100 mil reais por mês, compra o carro dos sonhos, mora na casa que sempre quis — e aí... estagna. Ele se torna um funcionário de luxo na própria empresa, ganhando bem, mas sem direitos trabalhistas e sem o entusiasmo de antes.

Essa estagnação é um risco real.

O empreendedor que não avança para a Fase da Aventura corre o risco de se acomodar e, eventualmente, perder o impulso que o levou ao sucesso inicial.

O PERIGO DO CONFORTO

Para muitos, o sucesso materializa-se em uma vida confortável, mas essa zona de conforto pode se transformar em uma prisão dourada.

O empreendedor que entrou na guerra, venceu e não avançou para a Fase da Aventura muitas vezes se torna prisioneiro do próprio sucesso. A armadilha que ele enfrenta é a de parar de olhar para o futuro, de não se permitir sonhar além do que já conquistou.

Por que isso acontece? Porque, ao atingir certo nível de sucesso financeiro, alguns indivíduos se acomodam. Estão pagando suas contas e vivendo bem acima da média, e isso pode gerar a falsa sensação de segurança. Aquele impulso inicial, que os levou a vencer a guerra, começa a enfraquecer. Em vez de continuar a expandir, contentam-se com o que têm. E isso é um grande perigo.

FLÁVIO AUGUSTO

Há um discurso comum que muitos ouvem: "Você já fez tanto, já conquistou tanto, por que não diminui o ritmo? Aproveite a vida, trabalhe menos". Mas a realidade é que, para o empreendedor que diminui o ritmo, o resultado pode ser desastroso. Quando um avião está no ar, ele precisa queimar combustível constantemente para se manter voando. Se ele parar, o avião cai. O mesmo acontece com o empreendedor que se acomoda: começa a perder o impulso e, eventualmente, pode até ver seu negócio quebrar.

Já vi isso acontecer várias vezes. Empreendedores que alcançaram tal patamar de sucesso e, ao se acomodarem, perderam tudo. Já aqueles que decidem seguir em frente, que escolhem não apenas vencer a guerra, mas expandir o seu império, são os que realmente prosperam.

Esse empreendedor que continua na aventura já é alguém respeitado. Sabe aquele vizinho que, no início, quando você disse que iria empreender, o chamou de sonhador iludido? E depois, quando você começou a ganhar dinheiro e apareceu com um carro novo, ele fez fofoca dizendo que você com certeza não era um trabalhador honesto? Pois bem, agora esse mesmo vizinho tem que engolir todas as palavras que disse. Hoje, ele olha para você e pensa: *Não é que ele deu certo mesmo?*

Nesse ponto, o respeito foi conquistado. Mas, para o empreendedor que tem a visão de expandir, isso é apenas o começo. Ele não está satisfeito com o que já alcançou; ele quer mais. Quer construir um legado, criar algo que vai muito além do que ele mesmo poderia imaginar. E essa é a verdadeira Fase da Aventura: quando o foco não está apenas em manter o que se conquistou, mas em expandir, inovar e, sobretudo, continuar a crescer.

Mesmo sendo tão rico, respeitado e bem-sucedido, esse empreendedor começa a se concentrar na construção de algo maior: a própria marca. Nesse estágio, ele não está mais preocupado em pagar boletos ou simplesmente manter as

O empreendedor que não avança para a Fase da Aventura corre o risco de se acomodar e, eventualmente, perder o impulso que o levou ao sucesso inicial.

operações diárias do negócio. Está focado em expandir sua marca, levando-a para novos mercados, desenvolvendo novos produtos, abrindo filiais e canais de distribuição, lançando franquias, explorando licenciamento de sua marca. Ele faz tudo isso não por necessidade financeira, mas porque está construindo o seu império. A guerra já foi vencida, o negócio já está consolidado, e agora a missão é fazer esse reino crescer. O que o motiva a seguir em frente não é a busca por mais dinheiro, e sim a realização pessoal e profissional que vem com a expansão. E ele sente uma responsabilidade crescente com as vidas que dependem do seu negócio.

À medida que o império se expande, esse empreendedor começa a perceber o impacto que tem sobre os outros. Agora, ele tem 2 mil funcionários, o que significa 2 mil famílias que dependem da empresa que ele criou. Ele vê o Joãozinho, que começou como assistente e hoje é diretor financeiro, ou a Mariazinha, que começou como vendedora e agora é diretora comercial. Ele vê como a vida dessas pessoas foi transformada pelo crescimento da empresa. Elas construíram a própria família, e agora a vida de todos está intimamente ligada ao sucesso do negócio.

É então que o empreendedor entende que seu papel vai muito além de simplesmente expandir um império por razões egoístas. Sente a responsabilidade de cuidar dessas pessoas, de garantir que a empresa continue prosperando para o bem de todos. Essa missão o move, e ele continua avançando nessa jornada de aventura.

À medida que o império cresce, a marca se torna mais poderosa, sua presença no mercado se fortalece e o faturamento continua subindo. O empreendedor fica cada vez mais rico, mas, ironicamente, isso não muda mais nada em sua vida pessoal. O carro que ele dirige, as viagens que faz, os restaurantes onde janta... Tudo isso já atingiu um nível de conforto que o dinheiro adicional não pode melhorar. No entanto, ele entende que precisa continuar a avançar, não porque isso vai mudar a sua vida, mas porque agora ele tem uma responsabilidade maior. Ele se tornou um líder, um pilar para milhares de pessoas, e esse propósito de continuar expandindo, inovando e guiando sua empresa para novos horizontes é o que realmente o motiva a seguir em frente.

A VIRADA DO JOGO

Segundo o famoso escritor John Eldredge, a vida de um ser humano é composta de três grandes elementos — uma guerra a ser lutada, uma aventura a ser vivida e uma donzela a ser resgatada. Entenda "donzela" como uma metáfora para algo valioso a ser protegido, algo pelo qual vale a pena lutar.

Já estudamos sobre a donzela, que representa o que de mais precioso você deve proteger na vida. Também falamos sobre a guerra, aquela luta que todos enfrentam ao longo da vida para alcançar seus objetivos. E, agora, estamos abordando a aventura.

A vida de uma pessoa que tem um propósito claro é mais plena, mais significativa.

Essas pessoas não estão simplesmente caminhando em direção ao INSS, limitadas por um teto que lhes foi imposto. Não, elas estão expandindo seu império, sua marca, seu negócio, sua responsabilidade. O dinheiro que vem como consequência dessa expansão é positivo e muito satisfatório, claro, mas ele não é o objetivo final; é uma consequência do trabalho bem-feito, da aventura vivida com propósito.

E, quando você chega nesse estágio, está quase pronto para entrar na próxima fase da vida, a Fase 6, a *Fase do Equity*. E o que é isso? É o momento em que sua aventura foi tão bem-sucedida, que sua expansão foi tão significativa, que agora o mercado o enxerga como um verdadeiro player. Equity é o valor que você construiu, o patrimônio que representa sua participação em algo grande, sólido e de valor significativo. Ser um player significa ser um ator importante no mercado, alguém que não apenas participa, mas também influencia e define tendências. Antes, você era apenas um competidor em busca de espaço. Agora, você se estabeleceu. Não é mais um espermatozoide competindo com milhões de outros para alcançar o óvulo; você se tornou o único que conseguiu fecundar, o que significa que se destacou, e o mercado reconhece o valor do que você construiu.

Nessa fase, o mercado finalmente percebe você. Agora, bancos e fundos de investimento começam a procurá-lo. Eles o visitam, interessados pelas suas conquistas. Lembro-me bem de quando eu estava entrando nessa fase. Anos antes, eu ia até o banco quase suplicando, praticamente me ajoelhando para conseguir um simples talão de cheques.

Para quem não sabe, cheque era um pedaço de papel que você preenchia para fazer pagamentos, uma forma anterior aos cartões. Quando você não tinha crédito, ou era considerado pobre, ter uma carteira de cheques era quase inimaginável. Eu me lembro de como era um sonho conseguir aquele talão, um símbolo de respeito e status.

Na Fase do Equity, tudo muda. O poder de negociação troca de mãos. Agora, não é mais você quem busca o mercado; é o mercado que busca você. Você se torna uma entidade valiosa, alguém que conseguiu não apenas sobreviver à guerra, mas prosperar e criar algo de impacto.

Essa etapa é a culminação de todas as anteriores, quando você colhe os frutos de tudo o que plantou, lutou e conquistou. E o mais interessante? Esse ciclo de fases é contínuo. Mesmo na Fase do Equity, há espaço para novas aventuras, novas guerras e novas conquistas. O que você faz com essa posição que alcançou é o que determinará seu legado e o impacto que gerará no mundo.

Voltando à minha história, nunca me esqueço da primeira vez que fui conversar com o gerente de um banco para ten-

A vida de uma pessoa
que tem um propósito
claro é mais plena,
mais significativa.

FLÁVIO AUGUSTO

A TRINCA

tar conseguir um simples talão de cheques. O homem, com aquela expressão de desdém, me disse: "Você precisa ter reciprocidade". Em outras palavras, ele estava dizendo que eu precisava ter um relacionamento com o banco, trazer mais clientes, ajudar a bater metas. Só então, talvez, eles me concederiam o tal talão de cheques de que eu precisava.

Quando entrei na Fase do Equity, o jogo virou completamente. Os papéis se inverteram, e os bancos começaram a precisar de mim. Começam a querer marcar almoços em restaurantes caros para tentar se aproximar, porque, agora, eu era a pessoa de interesse. Era comum que eu tivesse pelo menos um almoço por semana com representantes de bancos ou fundos de investimento. E, para ser sincero, aproveitei para marcar esses encontros nos restaurantes mais sofisticados. Afinal, depois de anos pagando juros absurdos de 12% ao mês, nada mais justo do que recuperar um pouco daquele dinheiro em bons almoços, concorda?

É na Fase do Equity que as propostas começam a chegar. Os bancos e fundos de investimento passam a querer o que você tem. Querem ser seus sócios, querem colocar dinheiro no seu negócio para participar do seu sucesso. E a parte mais saborosa dessa fase? Poder olhar nos olhos deles e dizer: "Mas eu não preciso do seu dinheiro".

Não posso deixar de mencionar que, nesse estágio, um mentor pode ser inestimável. Alguém que já percorreu o caminho pode oferecer insights que você talvez não tenha considerado, especialmente quando se trata de lidar com fundos de investimento e negociações complexas. Um bom mentor pode ajudá-lo a enxergar além das ofertas financeiras imediatas, guiando-o para decisões que garantam o sucesso a um prazo ainda mais longo. A sabedoria de um mentor pode ser o diferencial que faz com que você, mais do que atingir o ápice, permaneça lá com integridade e propósito.

Imagine só, você, aos trinta e poucos anos, com a capacidade de negociar de igual para igual, ou até mesmo de cima para baixo, com os maiores bancos e fundos. A partir de 2010, isso se tornou uma constante para mim. Eu recebia cerca de oito propostas por mês, de bancos e fundos, querendo investir no meu negócio. Era a Fase do Equity em pleno vapor.

E tem mais um detalhe: nessa fase, o ápice do seu sucesso é justamente quando você decide vender o seu negócio.

SEMPRE EM MOVIMENTO

A venda do seu empreendimento de sucesso é como a medalha de ouro para um atleta olímpico: é o reconhecimento máximo do seu trabalho e da sua capacidade como empreendedor.

Aqui no Brasil, existe uma questão cultural que muitas vezes faz com que as pessoas não enxerguem a venda do próprio negócio como uma conquista. Lembro-me de quando vendi a Wise Up por uma quantia que beirava o bilhão de reais. Alguns amigos vieram até mim e, em tom de surpresa, disseram: "Poxa, Flávio, a Wise Up estava indo tão bem, né? O que aconteceu? Por que você vendeu? O que deu errado?".

Essa é a perspectiva que muitos ainda têm — acham que vender um negócio é sinal de que algo deu errado. Mas, na verdade, é o contrário. O verdadeiro ápice do sucesso de um empreendedor é justamente quando ele vende o seu negócio. É quando ele atinge o ponto máximo da sua jornada e realiza o que muitos só sonham.

E veja que vender o negócio não é o fim de um sonho, mas a coroação de uma trajetória bem-sucedida.

Saber a hora certa de agir nesse sentido é um dos segredos mais subestimados do sucesso. O timing, como gosto de chamar, pode ser o divisor de águas entre um projeto fracassado e um império próspero. Não é algo que se costuma aprender

FLÁVIO AUGUSTO

em livros ou em palestras; ele é desenvolvido através de experiências vividas, da observação cuidadosa do mercado e da compreensão profunda do ambiente ao seu redor.

Porque ele não envolve apenas a preocupação de vender a empresa por um bom preço, mas também a consciência das implicações dessa venda — para você, para a sua equipe e para o legado que você está construindo.

Há momentos em que agir cedo demais pode ser tão prejudicial quanto agir tarde demais. Na Fase da Guerra, por exemplo, saber quando atacar, quando recuar e quando simplesmente manter a posição foi crucial para o meu sucesso. E, na Fase do Equity, entender o momento exato de vender foi o que definiu a extensão do meu legado.

Da mesma forma que você soube que era hora de entrar na guerra, também precisa saber quando for o momento certo de gerar um evento de liquidez. Esse timing é fundamental, e perdê-lo pode ser fatal, como já vi acontecer com outros empreendedores que, por hesitarem, deixaram passar oportunidades únicas. Já vi uma família, por exemplo, que teve uma proposta de 400 milhões de reais na mão. Eles me pediram uma opinião, e eu disse: "Vendam!". Dois anos depois, ainda não haviam vendido. O resultado? Quebraram. Agora, além de não terem vendido, ainda estão devendo 100 milhões de reais em processos trabalhistas.

Mas como desenvolver esse instinto para o timing? Não é algo que surge da noite para o dia. É preciso estar constantemente atento às mudanças no mercado, às necessidades dos clientes e às tendências emergentes. Uma das formas mais eficazes de afiar esse instinto é estar cercado de conselheiros e mentores experientes, pessoas que já passaram pelos altos e baixos do mercado e que podem oferecer uma perspectiva que você talvez não tenha. Outro método é a prática da paciência estratégica: esperar o momento certo não significa inatividade, e sim uma etapa de preparação

A venda do seu empreendimento de sucesso é como a medalha de ouro para um atleta olímpico: é o reconhecimento máximo do seu trabalho e da sua capacidade como empreendedor.

FLÁVIO AUGUSTO

A TRINCA

meticulosa para quando a oportunidade surgir. E, quando isso acontecer, é preciso estar pronto para agir rapidamente, sem hesitação.

Saber a hora certa é essencial, mas concorda que é um "problema bom" de se ter? Se o ápice do seu sucesso é quando você vende seu negócio, isso precisa ser feito com precisão. Quantas vezes já viu no jornal a notícia de que uma empresa foi vendida por 2 bilhões de reais? Quem nunca viu uma manchete dessas? Isso é mais comum do que se pensa.

Quero aproveitar para desfazer uma curiosidade de muitos. As pessoas veem essas notícias e acham que esse dinheiro entra diretamente na conta da pessoa, de uma vez só. Elas pensam: "Nossa, a vida dele está feita!". E, na verdade... é exatamente assim!

Vou contar para você os bastidores de uma venda desse porte.

Imagine que você está lá, com seu CFO, seu diretor financeiro, rodeado por advogados, auditores etc. — são umas quarenta pessoas do seu lado e outras quarenta do lado do comprador. Todos estão em uma sala chique, provavelmente na avenida Faria Lima, em São Paulo, em um escritório bacana. A papelada pesa uma tonelada, e você precisa assinar tudo (apesar de que, hoje em dia, nem se assina mais no papel, é tudo digital).

Depois de assinar tudo, você se vira para o seu advogado e pergunta: "Já está tudo certo?". Ele confirma. Você continua: "E o dinheiro? Quando vai cair na conta?". Ele responde: "Está tudo certo, já falamos com o CFO deles. Até as cinco horas da tarde, o dinheiro estará na sua conta".

Então você começa a olhar para o relógio... São quatro horas da tarde, e o tempo parece que não passa. Cada minuto parece uma eternidade. Finalmente, o ponteiro bate cinco horas. Você abre o computador. Para quem não sabe, tem uma tecla F5 no teclado, que serve para atualizar a página.

Você aperta o F5... Nada.

"Tudo bem", você pensa, "deve demorar uns minutos". Mais cinco minutos, e nada. Outros cinco minutos, e ainda nada. Às cinco e meia, você já começa a ficar ansioso, liga para o CFO, liga para o advogado, e eles pedem para você ficar tranquilo, pois vai entrar a qualquer momento.

Finalmente, depois de uma hora, você, como quem não quer nada, aperta o F5 mais uma vez, e então... pá! Lá estão todos aqueles zeros na sua conta.

Nessa hora, é como se você tomasse um susto. É uma sensação surreal. Surpresa, alívio, euforia, tudo junto. E, acredite, qualquer coisa nessa hora é válida, até chamar um médico, porque a emoção é imensa.

Desejo que você tenha muitos momentos de F5 na sua vida, ocasiões de renovação e realização que fazem sentir que tudo valeu a pena. Imagine sentir a emoção de ver as mudanças positivas acontecendo, as conquistas se materializando. São esses acontecimentos que marcam a jornada de cada um de nós. Na minha vida, tive vários F5, mas vou poupar você de todos os detalhes financeiros. Para quem gosta de números, sim, eles somam 4,8 bilhões de reais.

Depois de passar por todas essas fases, de alcançar sucesso, vender seu negócio e ver o fruto do seu trabalho reconhecido, você entra na Fase 7, a final, a *Fase de Compartilhar*. Nela, o dinheiro não é mais o objetivo. Você não trabalha mais por necessidade financeira. Eu poderia estar nas Maldivas ou nas Bahamas, mas escolhi estar aqui, escrevendo para você. E por quê? Porque as motivações mudam.

Nesse estágio da vida, não é o dinheiro que o move, e sim o desejo de ser um farol para aqueles que estão à deriva. Aquele farol que, em meio a uma tempestade, orienta as embarcações, mostra o caminho seguro, indica que há terra firme por perto. Quantas vezes, em minha jornada, procurei desesperadamente por esse farol? E agora, ao chegar na Fase

FLÁVIO AUGUSTO

de Compartilhar, tenho a oportunidade de ser esse farol para outros, para aqueles que estão perdidos, buscando direção, como um dia eu estive.

Essa motivação transcende qualquer valor material. A vida ganha um novo significado, uma nova profundidade.

Cada fase pela qual passei me transformou, me fez uma nova pessoa. Não é como aquelas quatro fases que a sociedade nos apresenta, aquelas em que seguimos um plano determinado sem a nossa opinião. Não, minha jornada foi diferente, porque em cada etapa precisei me reinventar, me transformar em uma nova versão de mim mesmo. A cada decisão corajosa que tomei para avançar de uma fase para outra, me tornei alguém diferente, mais preparado, mais resiliente.

Assim como eu, você também terá que se transformar se quiser seguir adiante. Não se deixe ficar preso em versões antigas de si mesmo, como alguém que ainda usa um sistema operacional ultrapassado, que não faz upgrade.

Pense em sua vida como uma série de versões, cada uma melhor que a anterior, sempre se adaptando e evoluindo.

Olhando para minha trajetória, vejo que existiram pelo menos sete versões de mim mesmo. Cada uma dessas versões foi moldada por decisões, desafios e vitórias que encontrei pelo caminho. Talvez, ao refletir sobre sua vida, você perceba que também viveu múltiplas versões, cada uma representando o crescimento e as transformações pelas quais passou.

Graças às sete versões de Flávio que vivi, posso mencionar várias conquistas. Poderia falar sobre o Flávio que foi dono de clube, o que apareceu na capa da *Forbes* ou até o que realizou uma turnê pelo Brasil inteiro com ingressos esgotados. Mas, para ser sincero, a versão do Flávio que mais admiro é outra. E vou explicar por quê.

A versão que mais admiro é a daquele jovem que não apareceu em capas de revistas, mas que foi fundamental para que eu chegasse aonde estou hoje. Aquele jovem andava

Pense em sua vida
como uma série de
versões, cada uma melhor
que a anterior,
sempre se adaptando
e evoluindo.

FLÁVIO AUGUSTO

A TRINCA

de ônibus cinco horas por dia — duas horas e meia para ir trabalhar e outras duas horas e meia para voltar, em condução lotada. Ele catava as moedinhas que a avó guardava para pagar o lanche da tarde. Aquele cara precisou acreditar mesmo quando tudo ao redor era nebuloso, quando a incerteza era a única certeza. Precisou perseverar quando todos estavam desistindo.

É possível que você, que está lendo este livro, esteja na mesma situação. E, se estiver, deixe-me dizer uma coisa: essa é a fase mais importante da sua vida. É nela que o caráter é forjado, que a resiliência é construída e que as fundações para o sucesso futuro são estabelecidas.

Por isso, a versão do Flávio que eu mais admiro não é a que aparece em capas de revistas ou nas mídias sociais. É aquela do jovem que enfrentava as adversidades do dia a dia com coragem e determinação. E, se você observar bem, já havia sinais de riqueza naquele garoto — não a riqueza financeira, mas a de espírito, de vontade, de força interior. Naquela época, eu muitas vezes me alimentava com um misto-quente que custava 9 mil cruzeiros, e cada lanche parecia uma vitória.

Atualmente, quando reflito sobre as minhas diferentes versões, percebo que cada uma delas foi moldada por decisões importantes. Cada fase exigiu uma nova versão de mim. Na Fase Zero, eu era apenas um jovem sonhador, com mais perguntas do que respostas, mas com uma vontade enorme de provar o meu valor. À medida que avancei para as outras fases, precisei me reinventar continuamente. A versão de mim que enfrentou a Fase da Guerra, por exemplo, era um guerreiro focado, sem medo de errar, porque sabia que o erro não era uma opção. Já na Fase da Aventura, me tornei um estrategista, alguém que não apenas buscava vencer, mas expandir e consolidar o que já havia conquistado. Cada versão teve as próprias batalhas e vitórias, mas o que realmente me define hoje é a soma de todas elas.

Agora, vou responder outra pergunta que sempre me fazem: "Qual é o empreendedor que você mais admira?". Pense nisso por um momento. Quem é o empreendedor que você mais admira? O empreendedor que mais admiro é o Flávio de trinta e poucos anos.

Minha vozinha, que partiu em 2021, foi uma mulher extraordinária, embora sua história seja uma das mais comuns e, ao mesmo tempo, mais subestimadas. Abandonada pelo marido e com três filhos pequenos para sustentar — todos com idade entre dois e quatro anos —, ela precisou encontrar um jeito de seguir em frente. Morando na Baixada Fluminense, no Rio de Janeiro, não tinha nenhuma das conveniências modernas. Não havia máquina de lavar roupas para facilitar seu trabalho, por exemplo. Tudo era feito na unha, no esforço diário que poucos conseguem imaginar.

Todos os dias, minha avó passava horas lavando roupas à mão. Durante o dia, lavava as peças. À noite, deixava-as secar. Depois, nas madrugadas, passava cada uma delas, antes de finalmente colocar a trouxa de roupas na cabeça e sair para devolvê-las aos clientes. Essa foi a rotina dela por quase dezoito anos. Esse foi o seu empreendimento, sua luta diária para sustentar três crianças. E ela fez isso sozinha.

Minha avó tinha três pilares que sustentavam sua vida: fé, amor e trabalho. Ela era uma mulher de oração, uma daquelas pessoas que parecem ter uma ligação direta com o divino. E também tinha pelos filhos um amor incomensurável, puro e incondicional, a força que a sustentou durante todos aqueles anos difíceis. Ao mesmo tempo, trabalhava de doze a catorze horas por dia, sem descanso, sem queixas, apenas com a determinação de proporcionar o melhor para suas crianças.

Quantas mulheres como ela passam despercebidas? Quantas delas nunca recebem o reconhecimento que merecem? Mulheres que, com as mãos calejadas e a pele marcada pelo sol, carregam o peso de sustentar suas famílias. Muitas

FLÁVIO AUGUSTO

vezes, são vistas apenas como lavadeiras, donas de casa, sem que sejam celebradas pela força e pela dignidade que carregam em sua jornada.

Agora, deixe-me dizer uma coisa: essa mulher, que nunca fez luzes no cabelo, que nunca teve tempo ou recursos para comprar roupas bonitas, que não tinha unhas feitas em salões de beleza, é a razão de eu estar aqui. Ela é minha avó, a mulher que criou minha mãe, que me criou enquanto meus pais trabalhavam. Eu passava os dias com ela, e à noite dormíamos abraçados, eu segurando-a com meus pés para que ela não saísse do meu lado — uma criança que encontrava segurança e amor na figura de uma mulher extraordinária.

Minha avó partiu em 2021, mas deixou um exemplo que jamais será apagado. Seu sorriso, que ela mantinha radiante mesmo nos momentos mais difíceis, é algo que carrego comigo. Quero que você saiba que, embora ela não tenha recebido aplausos ou reconhecimento em vida, eu, que estou aqui contando esta história, sou neto daquela lavadeira e trago comigo a força que ela me transmitiu e o exemplo de vida que me deixou.

Neste ponto, quero falar diretamente com você que pode estar passando por uma situação parecida com a que minha avó enfrentou: sei que os desafios podem parecer insuperáveis, que o caminho pode ser difícil e que, muitas vezes, a vitória parece distante ou até impossível. Mas entenda algo essencial: a vitória da minha avó está aqui, refletida na vida que consegui construir. E a sua vitória, mesmo que você não a veja agora, também pode estar a caminho.

Esteja certo de que, à medida que avança em sua jornada, começará a perceber que o legado que você deixa é tão importante quanto as conquistas materiais. O impacto que você causa nas pessoas, nas comunidades e até na própria família é o que realmente importa no final. Na Fase de Compartilhar, esse legado se torna ainda mais evidente. Você não trabalha mais pelo dinheiro, mas pelo significado que suas ações têm na vida de outros. A construção de um legado não acontece da noite para o dia; é o resultado de anos de dedicação, de escolhas acertadas e de um desejo genuíno de fazer a diferença. E, para mim, esse é o maior sucesso que se pode alcançar.

A jornada da liberdade exige perseverança, exige que você continue mesmo quando tudo parece estar contra nossos esforços. Talvez você não veja o resultado imediato, talvez ele demore a chegar. Mas acredite: um dia, de uma forma ou de outra, essa vitória se tornará realidade.

Mantenha a fé, o amor e o trabalho como pilares na sua vida. Continue lutando, continue perseverando. Um dia, você olhará para trás e verá que cada passo valeu a pena.

Obrigado por me permitir compartilhar esta história. Agora, a jornada é sua!

FLÁVIO AUGUSTO

CONSIDERAÇÕES FINAIS

Descubra seu poder interior e abrace a grandeza que existe em você

É com esperança que encerramos esta obra. Esperança de termos transformado alguma coisa em você, leitor ou leitora. Pode ter sido uma transformação imensa, que trará um efeito imediato em sua vida. Pode ter sido uma transformação sutil, uma pequena semente plantada, quase imperceptível. Mas, assim como nós três impactamos constantemente a vida um do outro, esperamos que tenhamos gerado alguma efervescência em você.

Como empresários e empreendedores que valorizam a família, aprendemos cedo o valor da coragem e da confiança de sermos capazes de alcançar tudo o que quisermos, desde que confiemos em nós mesmos e estejamos dispostos a pagar o preço pelos nossos objetivos. E o que fizemos aqui foi direcionar, realinhar e dar significado a todos os nossos objetivos de vida.

Propusemos perguntas e reflexões que foram fundamentais em nossas trajetórias (por mais diferentes que tenham sido). Perguntas e reflexões que guiaram os nossos passos e trouxeram a clareza sobre o que queríamos, por que queríamos e quando queríamos.

Aliás, gostaríamos de chamar a atenção desse "quando". Você já parou para pensar que é ele quem nos tira do perfeccionismo e nos traz para a excelência? Acima de tudo, ele nos propulsiona

Somos humanos,
e humanos mudam.
Seu sonho de hoje
pode não ser o mesmo
que daqui a dez anos
(e esperamos
que não seja!).

CAIO CARNEIRO,
FLÁVIO AUGUSTO
E JOEL JOTA

a criar uma lista de tarefas, além de uma lista de possíveis dificuldades, com base nos desafios que já enfrentamos no passado — ou, ainda, que algum conhecido já tenha enfrentado.

Acreditamos que cada aprendizado desta obra pode servir como uma ferramenta poderosa para te guiar por um caminho mais certeiro rumo à completude pessoal e profissional. Mas deixamos também um conselho: revisite nossos textos de tempos em tempos; isso é importante para realinhar e renovar certas expectativas. Afinal, somos humanos, e humanos mudam. Seu sonho de hoje pode não ser o mesmo que daqui a dez anos (e esperamos que não seja!).

SOBRE OS AUTORES

CAIO CARNEIRO é pai da Bella e do Theo e esposo da Fabi. Profissional de Marketing de Relacionamento, palestrante, investidor e autor best-seller, fez seu primeiro milhão aos 25 anos (2012). É autor de *Seja foda* (2017) e *Enfodere-se* (2019). Lidera uma grande equipe com milhares de pessoas em uma gigante americana ranqueada entre as maiores empresas do mundo de venda direta. Foi considerado pela *Business From Home* como um dos líderes de até 30 anos com mais influência no mundo dentro do Marketing de Relacionamento. Caio quer transformar vidas e se conectar mais e mais com as pessoas, inclusive com você.

JOEL JOTA é empresário, escritor best-seller, mestre em Ciências do Esporte, doutor em Educação e Novas Tecnologias da Internet e investidor. É autor de *Esteja, viva, permaneça 100% presente* (2019) e *Ultracorajoso* (2021). Com uma história marcante no esporte, foi atleta profissional da Seleção Brasileira de Natação, diversas vezes campeão brasileiro como nadador e treinador. Casado e pai de três filhos, Joel leva a mensagem para milhares de pessoas no Brasil e no mundo sobre uma vida com significado pautada na sua filosofia de vida: "Saúde, família e trabalho. Não inverta a ordem."

FLÁVIO AUGUSTO nasceu na periferia do Rio de Janeiro e, aos dezenove anos, trancou a faculdade de ciência da computação na Universidade Federal Fluminense para vender cursos de inglês, quatro anos antes de fundar a sua própria escola, a Wise Up, aos 23 anos. Possui negócios em todo o Brasil e nos EUA, onde construiu o segundo maior estádio de futebol da América, palco dos jogos do Orlando City. O empreendedorismo é a paixão de Flávio, pois ele acredita que, apesar de todas as contradições do país, ainda é um caminho possível para mudança de vida dos que estão dispostos a sair do fluxo comum, assumir riscos e trabalhar sem olhar para o relógio. Em 2015, em uma pesquisa realizada pela Cia de Talentos com mais de 60 mil jovens, Flávio foi eleito o líder mais admirado do país. É autor de *Geração de valor* (3 volumes, 2014, 2015, 2018) e *Ponto de inflexão* (2019).

CADERNO DE FOTOS

A TRINCA

CADERNO DE FOTOS

A TRINCA

CADERNO DE FOTOS

A TRINCA

CADERNO DE FOTOS

A TRINCA

A TRINCA

CADERNO DE FOTOS

A TRINCA

CADERNO DE FOTOS

A TRINCA

CADERNO DE FOTOS

A TRINCA

A TRINCA

CADERNO DE FOTOS

A TRINCA

CADERNO DE FOTOS

FONTES Register*, Ruder Plakat
PAPEL Bulky Creme IDF 90 g/m²
IMPRESSÃO Imprensa da Fé